Karl Kautsky

Die Klassengegensätze im Zeitalter der französischen Revolution

Verlag
der
Wissenschaften

Karl Kautsky

Die Klassengegensätze im Zeitalter der französischen Revolution

ISBN/EAN: 9783957004758

Auflage: 1

Erscheinungsjahr: 2015

Erscheinungsort: Norderstedt, Deutschland

Hergestellt in Europa, USA, Kanada, Australien, Japan
Verlag der Wissenschaften in Hansebooks GmbH, Norderstedt

Cover: Horace Vernet "Schlacht bei Friedland"

Verlag
der
Wissenschaften

Die Klassengegensätze im Zeitalter der Französischen Revolution

Von Karl Kautsky

===== Neue Ausgabe =====
der Klassengegensätze von 1789

Stuttgart
Verlag von J. H. W. Dietz Nachf.
1908

Inhalts-Verzeichnis.

Vorwort zur zweiten Auflage.

—

Die vorliegende Schrift ist eine Gelegenheitsarbeit. Sie erschien 1889 zuerst als Artikelserie in der „Neuen Zeit“ und dann als Separatabdruck zur Jahrhundertfeier des Beginns der großen Revolution, unter dem Titel: Die Klassengegensätze von 1789. Dieser Titel war für die damalige Gelegenheit gewählt, er paßt aber nicht ohne sie, da die Klassengegensätze, die hier behandelt werden, tatsächlich nicht die des Jahres 1789 allein sind, sondern die des ganzen Zeitalters der Revolution. Dem entsprechend habe ich den Titel für die neue Ausgabe geändert, ohne jedoch an dem Inhalt irgend eine Umgestaltung vorzunehmen.

Der Zweck, dem das Schriftchen vor zwei Jahrzehnten dienen sollte, ist leider auch heute noch nicht gegenstandslos geworden: es war der, einer flachen Auffassung der materialistischen Geschichtsauffassung, einem Vulgärmarxismus entgegenzuwirken, der damals grassierte.

Als 1883 die „Neue Zeit“ gegründet wurde, war die materialistische Geschichtsauffassung, ja der Marxismus überhaupt, trotz des Kommunistischen Manifests und des Engelsschen Anti-Dühring selbst in sozialistischen Kreisen noch wenig beachtet und noch weniger begriffen. Das bewies deutlich die wissenschaftliche Revue der deutschen Sozialdemokratie von 1877, in der nicht die leiseste Ahnung davon zu verspüren war, daß es so etwas wie eine materialistische Geschichtsauffassung gäbe. 1889 finden wir dagegen diese Auffassung nicht bloß in der deutschen, sondern in der gesamten internationalen Sozialdemokratie zum Durchbruch gelangt. Hatten Engels und seine deutschen Freunde im „Sozialdemokrat“ und der „Neuen Zeit“ dahin gewirkt, so nicht minder Guesde und Lafargue in den romanischen, Axelrod und Plechanoff in den slawischen Ländern.

Aber die Bekehrung des Nachwuchses der Parteiintelligenz zum Marxismus war eine zu unvermittelte und rasche gewesen, als daß sie bei der Masse der neuen Adepten aus völligem Begreifen dieser Lehre entspringen konnte. Wer den Marxismus wissenschaftlich vollständig erfassen, wer auf dem Boden der Anerkennung des Klassenkampfes nicht bloß kämpfen, sondern auch zu wissenschaftlicher Selbständigkeit gelangen will, der muß mit der überlieferten wissenschaftlichen Denkweise völlig gebrochen haben und muß mit den verschiedensten Gebieten des Wissens genügend vertraut sein, um der Krücken der bürgerlichen Wissenschaft entraten zu können. Wer nicht so weit ist, wird, wenn er auf marxistischer Grundlage wissenschaftlich arbeiten will, nur zu leicht zu einem Vulgärmarxismus gelangen, der ausreichen mag, wo er sich begnügt, zu popularisieren, was Marx und Engels gefunden, der versagt, wenn er die befahrenen Geleise verlassen will.

Diesem 1889 grassierenden Vulgärmarxismus entgegenzuwirken, der den Schlüssel zu aller Weisheit zu besitzen glaubte, wenn er wußte, daß die gesellschaftliche Entwicklung ein Produkt der Klassenkämpfe ist, und daß die sozialistische Gesellschaft aus dem Klassenkampf zwischen Bourgeoisie und Proletariat hervorgehen wird — der Gefahr entgegenzuwirken, daß der Marxismus zu einer bloßen Formel und Schablone herabgedrückt werde, das war die Aufgabe, der neben anderen Arbeiten auch die vorliegende dienen sollte. Sie wollte die Fülle von Einsicht zeigen, die aus der Anwendung des Prinzips des Klassenkampfes in der Geschichte zu gewinnen ist, aber auch die Fülle von Problemen, die daraus hervorgehen. Sie wollte dabei nicht bloß der Verflachung der Theorie, sondern auch der der Praxis des Klassenkampfes entgegenwirken, indem sie zeigte, daß die sozialistische Politik sich nicht damit begnügen darf, den Klassengegensatz zwischen Kapital und Arbeit im allgemeinen zu konstatieren, daß sie den ganzen sozialen Organismus in allen seinen Details durchforschen muß, da unter diesem großen Gegensatz noch zahlloſe andere in der Geſellſchaft beſtehen, von geringerer Bedeutung, die aber nicht überſehen werden dürfen und deren Verſtändnis und Ausnützung die proletariſche Politik bedeutend erleichtern und viel fruchtbarer machen kann.

Daß dies meine Abſichten gegenüber dem Vulgärmarxismus waren, deutete ich in der Einleitung an. Schärfer gegen den Vulgärmarxismus vorzugehen, lag damals noch kein Grund vor.

Gerade zu der Zeit aber, als die vorliegende Schrift erſchien, bereitete ſich ſchon die Revolte eines Teils der Vulgärmarxiſten gegen den Marxismus vor — die Revolte der „Jungen" in Deutſchland, der Domela Nieuwenhuis und Cornelissen in Holland, die es für nötig hielten, die Lehre vom Klaſſenkampf ſogar gegen Engels ſelbſt zu verteidigen, der Marx nicht genügend verſtanden habe.

Nach Engels' Tode erfolgte dann eine weitere Entwicklung dieſer Elemente, die nun Zuzug anderer Vulgärmarxiſten erhielten. Sie fanden jetzt, in der Zeit der Proſperität und der behördlichen Duldung, in dem Marxismus ſelbſt, wie ſie ihn verſtanden, ein Haar, und gegen denſelben Vulgärmarxismus, den ſie eben als den wahren Marxismus geprebigt, wandten ſie ſich nun, aber auch gegen den Marxismus überhaupt, entweder mit anarchiſtiſchen oder mit liberalen Argumenten. Sie fanden die Zuſtimmung jener Elemente, die von Anfang an dem Marxismus ablehnend gegenübergeſtanden waren.

Angeſichts deſſen wurde es zur Hauptaufgabe der Marxiſten, ſoweit ſie nicht durch die aktuelle Politik ganz in Anſpruch genommen wurden, das, was der Marxismus bereits geleiſtet, klarzuſtellen und zu verfechten. Und da gleichzeitig die Ausdehnung unſerer Partei ſo enorm wuchs, daß die praktiſchen Arbeiten der politiſchen und gewerkſchaftlichen Organiſation und Preſſe den geſamten Nachwuchs an Intelligenz abſorbierten, iſt es einleuchtend, daß die Kraft zur wiſſenſchaftlichen Weiterentwicklung des Marxismus in dieſer Periode ſehr eingeengt wurde.

So ist auch meine vor zwanzig Jahren gegebene Skizze der Klassengegensätze im Zeitalter der großen Revolution leider bis heute noch nicht durch eine andere Arbeit überholt oder gegenstandslos gemacht worden.

Eine treffliche Ergänzung jedoch dürfte sie demnächst finden in einem Buche über die französische Revolution, das H. Cunow vorbereitet und auf das ich heute schon alle jene Leser meines Schriftchens hinweisen möchte, die in den Gegenstand tiefer einzubringen suchen.

Sind auch bald vier Menschenalter seit dem Beginn der großen Revolution verflossen, so wirkt doch dies gewaltige Ereignis bis in unsere Tage nach, und es ist unmöglich, die Klassengegensätze der Gegenwart völlig zu begreifen, wenn man nicht das Verständnis jener Katastrophe gewonnen hat, in der sie zuerst ohne religiöse Verkleidung mit größter Wucht aufeinanderprallten und das Wesen der einzelnen Klassen der bürgerlichen Gesellschaft enthüllten. Aber sie enthüllten auch das Wesen dieser Gesellschaft selbst, die auf den Gegensätzen jener Klassen aufgebaut ist, auf Gegensätzen, die notwendigerweise immer wieder zu Katastrophen führen. Formen und Umfang der sozialen Katastrophen wechseln mit der Technik der Wirtschaft, des Verkehrs und der Politik, die Unvermeidlichkeit der Katastrophen bleibt, solange die Gesellschaft auf Klassengegensätzen beruht.

Neujahr 1908.   K. Kautsky.

I.

Einleitung.

Es war am 17. Juni 1789, daß sich die Deputierten des dritten Standes der Generalstände Frankreichs unter dem Drucke der revolutionären Gärung des ganzen Landes als National=versammlung konstituierten und damit jene riesenhafte soziale Kata=strophe einleiteten, die wir die große Revolution par excellence nennen.

Wie weitgehend auch die Hoffnungen waren, die sich an diesen Schritt knüpften, sie wurden durch die tatsächliche Entwicklung übertroffen. Wie ein Kartenhaus brach das anscheinend noch feste Gefüge des Feudalstaates vor dem Ansturm der Menge zu=sammen, binnen wenigen Monaten wurden alle Fesseln gesprengt, die Frankreich eingeschnürt und fast erstickt hatten, der junge Riese der neuen Produktionsweise bekam Luft und Licht und alle Mittel, sich zu entfalten. Vor dem Enthusiasmus des befreiten Volkes zerstob jeder Widerstand; Frankreich, das unter dem alten Regime der Spott Europas geworden, widerstand jetzt siegreich dem ver=einten Ansturm der europäischen Monarchien, die sich mit der Konterrevolution im Innern der Republik verbunden hatten. Bald sollte das Banner der Revolution siegreich den ganzen Kontinent durchziehen.

Auf der anderen Seite freilich erwiesen sich viele Erwartungen der Revolutionsmänner als leere Illusionen. Trotz der Auf=hebung der ständischen Vorrechte wollte das Reich der Gleichheit und Brüderlichkeit nicht kommen; neue Klassengegensätze traten hervor, die neue soziale Kämpfe und Umwälzungen in ihrem Schoße bargen. Das Elend verminderte sich nicht, das Proletariat wuchs und ebenso die Ausbeutung des arbeitenden Volkes. Der Staat und die Gesellschaft, die aus der Revolution erwuchsen, ent=sprachen weder dem Ideal Montesquieus noch dem J. J. Rousseaus. Die Verhältnisse hatten sich stärker erwiesen als die Ideen.

Ein historisches Ereignis wie die Revolution bietet selbst=verständlich so viele Seiten, daß jede Parteirichtung, sowohl die=

jenigen, die sie zu verherrlichen und zu preisen, wie diejenigen, die sie zu schmähen, zu verhöhnen oder zu verdammen das Bedürfnis haben, Momente in ihr finden, deren Hervorhebung ihren Zwecken entspricht.

Noch viel leichter ist die Verwertung der Revolution zu Parteizwecken, wenn man sich auf den moralisierenden Standpunkt stellt. Eine Katastrophe wie die Revolution steigert die Leidenschaften der Beteiligten aufs äußerste: in jeder der mitwirkenden Parteien finden wir Beispiele der liebenswürdigsten und großartigsten Tugenden, eines Heroismus und einer Selbstlosigkeit ohnegleichen, aber auch Beispiele furchtbarer Gemeinheit, Grausamkeit, Charakterlosigkeit und Habsucht. Es ist da ein sehr billiges Vergnügen, die sympathischen Züge der einen Seite rühmend hervorzuheben und die abstoßenden der anderen den Gegnern an den Kopf zu werfen.

So sonderbar eine solche Manier der Geschichtschreibung ist, es haben sich nur wenige Darstellungen der französischen Revolution davon frei zu halten gewußt. Und das ist ganz natürlich. Sind doch die Gegensätze, die in ihr aufeinander platzten, noch nicht völlig überwunden; sie selbst hat neue Gegensätze geschaffen, die sich in ihr zum ersten Male bemerkbar machten, die seitdem noch viel schroffer und deutlicher geworden sind. Es gibt keine moderne Partei, die nicht durch Tradition oder Sympathie, Aehnlichkeit der Situation oder der Ziele mit irgend einer Richtung der französischen Revolution einige Verwandtschaft hätte und daher nicht geneigt wäre, diese Richtung besonders schonend, deren Gegner besonders streng zu beurteilen.

Indes hat gerade die französische Revolution den Anstoß zu einer Geschichtsauffassung gegeben, die eine objektive Betrachtung dieser wie jeder historischen Erscheinung ermöglicht, indem sie die bewegende Kraft der geschichtlichen Entwicklung in letzter Linie nicht im Wollen der Menschen sucht, sondern in Verhältnissen, die von ihnen unabhängig sind, ja sie beherrschen.

Mochten die Darsteller der französischen Revolution dieselbe noch so sehr als das Werk einerseits der Philosophen, der Voltaire und Rousseau, und der Redner in den Nationalversammlungen, der Mirabeau und Robespierre, hinstellen, über die Tatsache kamen sie nicht hinweg, daß der Konflikt, der zur Revolution führte, aus dem Gegensatz der ersten zwei Stände zu dem dritten entsprang; sie sahen, daß dieser Gegensatz nicht ein vorübergehender, zufälliger war; wie in den Generalständen von 1789 hatte er in denen von 1614 und früher schon gewirkt; er hatte als ein wesentliches Element der historischen Entwicklung gedient, namentlich der Befestigung des absoluten Königtums; sie mußten endlich sehen, daß dieser Konflikt seine Wurzeln in den ökonomischen Verhältnissen hatte.

Freilich erschien und erscheint noch in den meisten Darstellungen der Revolutionszeit der Klassenkampf nicht als das treibende Moment der ganzen Umwälzung, sondern nur als eine Episode inmitten der Kämpfe der Philosophen, Redner und Staatsmänner, als wenn diese nicht das notwendige Ergebnis jenes wären. Es bedurfte gewaltiger Gedankenarbeit, ehe das, was als Episode erschien, als Triebkraft nicht bloß der ganzen Revolution, sondern der ganzen gesellschaftlichen Entwicklung von dem Augenblick der Bildung der Klassengegensätze an erkannt wurde.

Die so gebildete materialistische Geschichtsauffassung ist heute noch vielbestritten. Die Auffassung, daß die französische Revolution das Ergebnis eines Klassenkampfes des dritten gegen die beiden ersten Stände war, ist dagegen längst fast allgemein anerkannt; sie hat aufgehört, eine bloß für Fachgelehrte bestimmte Theorie zu sein, sie ist völlig populär geworden, namentlich in der Arbeiterklasse Deutschlands. Die Aufgabe der Anhänger dieser Auffassung besteht heute weniger darin, sie zu verteidigen, als darin, sie vor Verflachung zu bewahren.

Man ist nur zu geneigt, wenn eine historische Entwicklung auf Klassenkämpfe zurückgeführt wird, anzunehmen, daß in der Gesellschaft jeweilig bloß zwei Lager, zwei Klassen sind, die einander bekämpfen, zwei feste, homogene Massen, die revolutionäre und die reaktionäre Masse, daß ein „Hüben und Drüben nur gilt". Wenn es sich tatsächlich so verhielte, wäre die Geschichtschreibung eine ziemlich leichte Sache. Aber in Wirklichkeit liegen die Verhältnisse nicht so einfach. Die Gesellschaft ist und wird immer mehr ein ungemein komplizierter Organismus mit den verschiedensten Klassen und den verschiedensten Interessen, die sich je nach der Gestaltung der Dinge zu den verschiedensten Parteien gruppieren können.

Dies gilt für heute, dies gilt auch für die Zeit der französischen Revolution.

———

II.

Die absolute Monarchie.

Ehe wir zur Betrachtung der Klassengegensätze in der großen Revolution übergehen, erscheint es uns angezeigt, einen Blick auf das Staatswesen zu werfen, innerhalb dessen sie sich entfalteten. Die Staatsform bestimmt die Art und Weise, in der die einzelnen Klassen ihre Interessen wahrzunehmen suchen, bestimmt die Formen des Klassenkampfes.

Die Form des französischen Staates war von 1614 bis 1789 die der absoluten Monarchie, also einer Staatsform, die eigentlich jeden intensiven Klassenkampf unter normalen Verhältnissen ausschließt, da sie jede politische Tätigkeit der „Untertanen" verbietet, die also auf die Dauer unverträglich ist mit der heutigen Gesellschaft. Jeder Klassenkampf muß schließlich ein politischer Kampf werden, jede aufstrebende Klasse muß daher, wenn ihr politische Rechte fehlen, nach deren Gewährung ringen. Mit dem Gewinn dieser Rechte hören freilich die politischen Kämpfe nicht auf; im Gegenteil, von da an beginnen sie erst recht, eine Wahrnehmung, die 1789 wie später 1848 gar manchen Ideologen überraschte und erschreckte.

Der Absolutismus, das heißt die Unabhängigkeit der Staatsgewalt von den herrschenden Klassen, die Form des Staates, in der die Staatsgewalt nicht direkt ein Werkzeug der Klassenherrschaft ist, sondern anscheinend ein selbständiges Dasein über den Parteien und Klassen führt, kann nur dort sich bilden, wo die einzelnen der im gesellschaftlichen Leben maßgebenden Klassen einander das Gleichgewicht halten, so daß keine stark genug ist, die Staatsgewalt an sich zu reißen. Diese ist unter solchen Verhältnissen imstande, jede der bestehenden Klassen durch die anderen im Schach zu halten, ihnen allen Waffenstillstand, Aufhören der politischen Kämpfe zu gebieten, sie alle sich dienstbar zu machen.

Ein solcher Zustand war in Frankreich im 17. Jahrhundert eingetreten. Die feudale Produktionsweise war im Verfall begriffen, und der auf dem Grundbesitz beruhende Feudaladel wie die alte Kirche hatten die Fähigkeit verloren, ein selbständiges politisches Dasein gegenüber der Staatsverwaltung zu behaupten, hinter der die aufstrebenden Geldmächte standen. Sie wurden vielfach zu Dienern des Königtums, zu Stützen des Absolutismus. Ein immer größerer Teil des Adels begab sich in die

Reihen des Hofadels, wurde eine Sorte höherer Lakaien des Königs, der es dafür übernahm, für ihr materielles Wohlergehen zu sorgen. Aus einer Schranke des Absolutismus wurde der Adel und mit ihm die höhere Geistlichkeit immer mehr eine Stütze desselben.

Die Macht des Königtums wurde um so unumschränkter, je größer die Machtmittel, die die neue Produktionsweise in seine Hände legte. In der Feudalzeit waren die einzelnen Gemeinwesen, die den Staat bildeten, ökonomisch fast völlig selbständig gewesen, da sie so ziemlich alles selbst erzeugten, dessen sie bedurften. Daraus folgte auch ihre politische Selbständigkeit. Die Warenproduktion und der Warenhandel machten dagegen die verschiedenen Gemeinwesen der Nation von einigen oder einem ökonomischen Mittelpunkt abhängig, und ließen der ökonomischen Zentralisation die politische folgen.

An Stelle der Organe der Selbstverwaltung der Provinzen und Gemeinden traten Organe der zentralisierten Staatsverwaltung, eine Bureaukratie, die täglich neue Gebiete eroberte, täglich straffer disszipliniert und von der Zentralgewalt abhängiger wurde.

Und neben der Bureaukratie erstand aus einer Reihe von Ursachen, die auch mit der Warenproduktion zusammenhängen, auf die einzugehen uns jedoch hier zu weit führen würde, ein stehendes Heer, völlig abhängig von der Staatsgewalt, zunächst zur Verteidigung des Staatswesens nach außen bestimmt, aber auch verwendbar, bewaffneten Widerstand gegen die Staatsregierung im Innern des Landes mit Gewalt niederzuschlagen.

Freilich bedurften diese neuen Einrichtungen zu ihrer Erhaltung Geld, viel Geld; die Macht der Staatsgewalt hing also in letzter Linie von den Beisteuern der Geld besitzenden oder erwerbenden Staatsbürger ab. Verweigerten diese ihre Beisteuern, oder knüpften sie daran gewisse Bedingungen, und hatten sie damit Erfolg, dann war es mit dem Absolutismus, mit der völligen Unabhängigkeit der Staatsgewalt vorbei. Solange aber die betreffenden Klassen die dazu nötige Kraft des Widerstandes nicht besaßen oder ihre Interessen diesen Widerstand nicht dringend notwendig machten, durften die Inhaber der Staatsgewalt sich wirklich einbilden, daß das Staatswesen nur ihren persönlichen Interessen dienstbar sei.

Der Staat ward eine bloße Domäne des Landesfürsten, das Interesse des Monarchen eins mit dem Staatsinteresse. Je mächtiger, je reicher der Staat, desto mächtiger, desto reicher sein Beherrscher. Seine wichtigste Aufgabe wurde jetzt die, ebenso für das materielle Wohl seiner Untertanen zu sorgen, wie der Schäfer für das Gedeihen der Schafe, die er scheren will. Je mehr die Bureaukratie die früheren Formen der Staatsverwaltung verdrängte, desto stärker und ausgedehnter wurden ihre Eingriffe in die materiellen Verhältnisse, desto eifriger war die Staatsgewalt bemüht, Handel, Industrie und Ackerbau zu fördern, die ihrer Entwicklung entgegenstehenden Hindernisse durch administrative und andere Reformen zu beseitigen und die den Reichtum produzierenden Klassen zu schützen vor dem übermäßigen Druck und der entkräftenden Ausbeutung der Privilegierten; kurz, je absoluter die Monarchie wurde, desto größer ihre Tendenz, „aufgeklärt" zu sein.

Es ist diese Seite der Monarchie des 18. Jahrhunderts, die alle jene in erster Linie im Auge haben, die aus der Geschichte nachweisen wollen, daß das „soziale Königtum", der Schutz der Schwachen vor den Starken, die Sorge für die materielle Wohlfahrt des Volkes, der „natürliche Beruf" der Monarchie sei; ein Beruf, den leider der Parlamentarismus verdunkele, der an die Stelle der Herrschaft des über den Parteien stehenden Fürsten die Herrschaft der Parteien, der Sonderinteressen, setze.

Die Herren, die so argumentieren, vergessen zweierlei. Erstens, daß das Eingreifen der absoluten Fürsten des 18. Jahrhunderts in die ökonomischen Verhältnisse nicht den Schutz der Schwachen zum Ziel hatte, sondern die Förderung des „Nationalreichtums", das heißt der Warenproduktion.

Dies war im Grunde aber nichts anderes, als die Förderung der Kapitalisten, oft direkt, durch Schutzzölle, Monopole, Subventionen für ihre Unternehmungen. Aber auch Maßnahmen, die ihnen nicht direkt galten, Verbesserungen der Schule, Aufhebung der Leibeigenschaft und andere, kamen schließlich doch auch ihnen zugute. Die Schwachen zu schützen und zu fördern, wenn es nicht eine Vermehrung des „Nationalreichtums", also auch des Staatseinkommens versprach, wäre einem absoluten Fürsten nie eingefallen. Um das Proletariat, das arbeitende wie das Lumpenproletariat, kümmerten sich die Regenten des 18. Jahrhunderts in der Regel nur insofern, daß sie für dessen polizeiliche Niederhaltung sorgten. Und Bauer und Handwerker wurden auch nur — wenn überhaupt — so weit geschützt, als ihre Steuerfähigkeit in Betracht kam.

Der „Schutz der Schwachen vor den Starken" lief also im Wesentlichen hinaus auf die Förderung der Klasse, von der die Staatsgewalt wenn auch noch nicht politisch, so doch schon in hohem Maße ökonomisch abhängig war, der Bourgeoisie.

Die Monarchen des 18. Jahrhunderts zogen aber große Einnahmen nicht bloß aus den Geldsteuern, sondern auch noch aus ihrem Grundbesitz, dem feudalen Ursprung des Königtums entsprechend. Der König war in der Regel (abgesehen von der Kirche) der größte Grundbesitzer im Lande, er war es entschieden in Frankreich.

„Wir wissen nicht genau, wie der Grundbesitz 1789 verteilt war, „sagt Leonce de Lavergne, „wir wissen über die königlichen Domänen nur, daß übereinstimmend angegeben wird, sie hätten zusammen mit den Gütern der Gemeinden ein Fünftel des Bodens von Frankreich bedeckt."* Welche ungeheure Ausdehnung sie hatten, kann man ermessen, wenn man hört, daß allein die königlichen Jagdforste eine Million Morgen umfaßten, ein Gebiet, an Umfang ungefähr dem Großherzogtum Oldenburg gleich.

Dazu kommen noch die Güter der Prinzen der königlichen Familie, die nach Necker ein Siebentel von Frankreich einnahmen.

Als Herr von feudalen Domänen hatte aber der Fürst andere Interessen wie als Herr der großen Domäne Staat. Selbst Feudalherr, dessen Vettern und „guten Freunde" alle auch Feudalherren waren, hatte er alle Ursache, an der feudalen Ausbeutung, an den feudalen Privilegien aufs hartnäckigste festzuhalten und allen Reformen sich zu widersetzen, wodurch sie hätten geschmälert werden können. Als Chef der Feudalität sah er die Aufgabe der Staatsverwaltung nicht darin, die materielle Wohlfahrt der Untertanen möglichst zu fördern, sondern ihnen möglichst viel auszupressen, um den Ertrag im eigenen Interesse, im Interesse seines Hofes, im Interesse des höfisch gewordenen Adels zu verwenden. Als Oberster der Privilegierten suchte er die Staatsgewalt nicht dazu anzuwenden, die „Schwachen", das heißt die Nichtprivilegierten, vor den Starken, den Privilegierten, zu schützen, sondern dazu, auch den geringsten Versuch der Schwachen zu ersticken, sich des Uebermuts der Starken zu erwehren.

---

* L. de Lavergne: Économie rurale de la France depuis 1789. Paris 1866, S. 49.

So wohnten im Königtum des 18. Jahrhunderts zwei Seelen, eine „aufgeklärte" und eine in den „Vorurteilen des finsteren Mittelalters" befangene. Zur absoluten Gewalt gelangt dadurch, daß die herrschenden Klassen der untergehenden feudalen und die der aufsteigenden kapitalistischen Produktionsweise, daß Adel und Bourgeoisie dahin gekommen waren, einander die Wage zu halten, beherrschte es formell beide, stand über ihnen und sah sich doch gezwungen, tatsächlich die Interessen beider zu vertreten. Der „Schutz der Schwachen vor den Starken" gestaltete sich in Wirklichkeit so, daß der Absolutismus, soweit er überhaupt Einfluß auf die ökonomischen Verhältnisse hatte, die unteren Volksklassen dem Elend nicht bloß der feudalen, sondern auch der kapitalistischen Ausbeutung unterwarf, bis er ihnen als die Verkörperung der Ausbeutung überhaupt erschien.

Die Interessen von Adel und Bourgeoisie waren aber zu gegensätzlich, als daß ihnen die absolute Monarchie hätte völlig genügen können. Sie konnte nicht den Adel befriedigen, ohne die Bourgeoisie zu verletzen, und umgekehrt.

Die Kämpfe zwischen diesen beiden Klassen hörten auch unter dem absoluten Regime nie völlig auf; aber solange der Gleichgewichtszustand zwischen diesen Klassen dauerte, solange die Bourgeoisie nicht daran denken konnte, die Staatsgewalt, das Königtum, sich dienstbar zu machen, nahm der Klassenkampf zwischen den höheren Schichten der Gesellschaft vorwiegend die Form des Buhlens verschiedener Fraktionen und Koterien um die Gunst des Monarchen an, ein Kampf, in den natürlich nur die Spitzen der Gesellschaft eingreifen konnten, der Hofadel und die höchsten Würdenträger der Kirche, die hohe Finanz, die hervorragendsten Vertreter der Bureaukratie und der „Intelligenz" und dergleichen. Der Fürst stand da ebensowenig über den Parteien, als das in einem parlamentarisch regierten Staate der Fall ist. Der Unterschied besteht bloß darin, daß im absoluten Staat die Interessen viel kleinlicher sind, deren Werkzeug der Monarch wird, die Machinationen und Intrigen viel erbärmlicher, durch die man ihn gewinnt.

Angesichts dieser Kämpfe der Cliquen um die Person des Königs, die ihn bald auf diese, bald auf jene Seite zerrten, wie die Achäer und Trojaner den Leichnam des Patroklus; angesichts des Zwiespalts, der dem Königtum des 18. Jahrhunderts von vornherein anhaftete, da der König gleichzeitig Haupt der Verwaltung des modernen Staates und Haupt des Feudaladels war, bedurfte es besonderer Klarheit und Charakterfestigkeit des Staatsoberhauptes, sollte wenigstens einigermaßen die Einheitlichkeit in der Regierung bewahrt bleiben. Die Konfusion mußte heillos werden, sobald ein von Natur aus haltloser Charakter das Staatsruder in die Hände bekam. Ein solcher Charakter war Ludwig XVI. Seine Situation wurde jedoch nicht verbessert dadurch, daß Marie Antoinette, seine Gemahlin, den gerade entgegengesetzten Charakter besaß, einen Eigensinn, den ihr Hochmut noch verderblicher machte. Sie hatte keine Ahnung davon, daß es noch andere Bedürfnisse gebe als die des Hofes. In ihren Augen hatte das Königtum nur eine Aufgabe, den Hof zu amüsieren und mit Geld zu versehen.

Wir werden gleich sehen, was das bedeutete.

III.

Adel und Geistlichkeit.

So gering an Zahl Adel und Geistlichkeit waren,* nur ein Teil davon, und keineswegs der größere, führte im 18. Jahrhundert jenes üppige, luxuriöse Leben, entfaltete jenen Glanz und jene tolle Verschwendung, die man als die charakteristischen Merkmale der Gesellschaft der Privilegierten vor der Revolution betrachtet. Nur die Spitzen des Adels und der Geistlichkeit, die Herren ungeheurer Ländereien, konnten sich jenen Luxus und jene Verschwendung erlauben, in dem Glanz ihrer Salons, der Pracht ihrer Feste, der Großartigkeit ihrer Bauten miteinander wetteifern — der einzige Wetteifer, der noch dem Adel geblieben war. Zu einem Wetteifer auf Gebieten, wo nur persönliche Tüchtigkeit entschied, war er längst zu träge und zu charakterlos geworden. Der Wetteifer darin, wer am meisten Geld ausgeben könne, also, so mußte man wohl schließen, am meisten Geld einnehme, entsprach dem Charakter der Warenproduktion, in deren Bereich der Adel zum größten Teil geraten war. Aber noch hatte er sich der

---

* Taine schätzte die Zahl der Adeligen und Geistlichen zusammen auf ungefähr 270000. Dem Adel schreibt er 25000 bis 30000 Familien mit 140000 Mitgliedern zu, dem Klerus 130000 Mitglieder, darunter zirka 60000 Pfarrer und Vikare, 23000 Mönche und 37000 Nonnen. (Taine, Les origines de la France contemporaine, I, 17, 527.)

neuen Produktionsweise nicht so weit angepaßt, wie zum Beispiel der heutige Adel. Das Geldausgeben hatte er bald gelernt, die Einnahmen zu erhöhen durch Handel mit Wolle, Getreide, Schnaps usw. verstand er nicht so gut wie seine heutigen Standesgenossen. Auf seine feudalen Einnahmen angewiesen, verschuldete der Adel rasch. War das schon beim hohen Adel der Fall, wie viel mehr beim mittleren und niederen! Gab es doch zahlreiche Adelsfamilien, die nicht mehr als 50, ja 25 Livres jährliches Einkommen aus ihrem Grund und Boden zogen! Je größer ihre Armut, desto größer, desto unerbittlicher ihre Ansprüche an ihre Bauern. Allein das gab nicht viel aus. Anleihen halfen bloß vorübergehend, um hintenbrein das Elend um so ärger anwachsen zu lassen. Die einzige dauernde Hilfe in der Not bot der Staat; dessen Plünderung ward immer mehr die Haupttätigkeit des Adels. Alle einträglichen Aemter, die der König zu vergeben hatte, wurden seine Beute. Und da die Zahl der ruinierten oder dem Ruin nahestehenden Adeligen von Jahr zu Jahr wuchs, mußte auch die Zahl solcher Aemter immer mehr wachsen; die lächerlichsten Vorwände wurden schließlich erfunden, um einem bedürftigen Adeligen ein Recht auf Ausbeutung des Staates zu verleihen. Daß neben den bedürftigen die mächtigen, ebenfalls verschuldeten und habgierigen hohen Adeligen nicht vergessen wurden, liegt auf der Hand.

Vor allem waren die Hofämter gesuchte Sinekuren. Sie waren am besten bezahlt, erforderten zu ihrer Besorgung am wenigsten Wissen und Arbeit und führten direkt an den Quell aller Vergünstigungen und aller Vergnügungen. An 15 000 Personen waren bei Hofe angestellt, die größte Mehrzahl nur, um unter einem Titel eine Einnahme zu erzielen. Ein Zehntel des Staatseinkommens, über 40 Millionen Livres (die gemäß der Wertverschiebung heute ungefähr 100 Millionen Franken entsprechen würden), mußte zur Fütterung dieser unnützen Masse aufgeboten werden.

Aber damit begnügte sich der Adel nicht. Bei der Staatsverwaltung gab es verschiedene Sorten von Beamtenstellen. — Die einen erforderten eine gewisse Vorbildung und machten große Ansprüche an die Arbeitskraft. Diese, denen die Staatsverwaltung tatsächlich oblag, wurden mäßig bezahlt und Bürgerlichen verliehen. Daneben gab es Posten, die bloß zu „repräsentieren" hatten, deren Inhabern bloß die schwere Aufgabe oblag, sich und

ihresgleichen zu amüsieren. Diese reichdotierten Stellen blieben dem
Abel vorbehalten.*

Bei der Besetzung der Offiziersstellen in der Armee hatte
man früher in erster Linie das Verdienst berücksichtigt. Unter
Ludwig XIV. fand man ebensogut bürgerliche wie adelige Offi=
ziere in der Armee. Nur in Friedenszeiten wurden letztere be=
vorzugt. Je ämterhungeriger aber der Adel wurde, desto mehr
trachtete er danach, sich die höheren Offiziersstellen zu reservieren.
Die Unteroffiziere, die den schwierigsten Dienst hatten, mochte
man aus der „Canaille" rekrutieren. Die gut bezahlten und ehe=
dem nicht allzu viele Mühe — namentlich in Friedenszeiten —
und Wissen erfordernden Offiziersstellen wurden ein Privilegium
des Adels. Die Offiziere kosteten jährlich 46 Millionen Livres,
die gesamte Mannschaft mußte sich mit 44 Millionen begnügen.
Je verschuldeter der Adel, desto ängstlicher wachte er über dem
Privilegium der Offiziersstellen. Wenige Jahre vor dem Aus=
bruch der Revolution (1781) erschien ein königliches Edikt, das
die Offiziersstellen dem alten Adel vorbehielt. Wer Offizier
werden wollte, hatte nicht weniger als vier adelige Ahnen im
Mannesstamm nachzuweisen. Also nicht bloß das Bürgertum,
sondern auch der gesamte seit einem Jahrhundert neugebackene
Adel wurde dadurch vom Offiziersstand ausgeschlossen.

In der Kirche waren die höheren, gutbezahlten Stellen teils
von vornherein ausdrücklich dem Adel vorbehalten, teils waren
sie es tatsächlich, da ihre Besetzung dem König zustand, der
immer mehr nur Adelige zu diesen Stellen zuließ. Auch da wurde
die ausschließliche Berechtigung des Adels zu den gutdotierten
Stellen kurz vor der Revolution ausdrücklich bestimmt, wenn auch
nicht öffentlich bekannt gemacht. Die 1500 reichen Pfründen,
über die der König zu verfügen hatte, fielen ebenso ausschließlich
dem Abel zu, wie die bischöflichen und erzbischöflichen Sitze. Und
es waren gar fette Pöstchen darunter. Die 131 Bischöfe und
Erzbischöfe Frankreichs hatten zusammen aus ihren Stellen ein

---

* Einer Ordonnanz von 1776 zufolge waren solche Stellen: 18 General=
gouvernements von Provinzen mit einer Besoldung von je 60 000 Livres;
21 à 30 000 Livres; 114 Gouvernements à 8000 bis 12 000 Livres;
176 Leutnants von Städten à 2000 bis 16 000 Livres. 1788 wurden
dazu 17 Stellen von Oberkommandanten von Städten geschaffen mit einem
fixen Einkommen von 20 000 bis 30 000 Livres und einer Wohnungszulage
von 4000 bis 6000 Livres monatlich; dazu Unterkommandantenstellen.

jährliches Einkommen von mehr als 14 Millionen Livres, über 100 000 Livres pro Kopf. Der Kardinal Rohan, Erzbischof von Straßburg, bezog als Kirchenfürst über eine Million Livres jährlich! Da durfte dieser würdige Seelenhirt sich schon den Luxus erlauben, ein Diamantenhalsband um 1 400 000 Livres zu kaufen, in der Erwartung, damit die Gunst der Königin Marie Antoinette zu gewinnen.

Aber alle die so reich dotierten Stellen in der Kirche, der Armee, der Staatsverwaltung, bei Hofe genügten noch nicht dem teils habsüchtigen, teils verschuldeten Adel. Immer wieder wurde der König bestürmt, aus dem Vermögen des Staates dem Adel außerordentliche Zuwendungen zu machen, hier, um einen bedrängten Adeligen aus seinen Geldverlegenheiten zu befreien, dort, um der Laune eines hohen Herrn oder einer hohen Dame zu genügen.

Von 1774 bis 1789 allein wurden in dieser Weise an Pensionen, Geschenken und in ähnlicher Weise 228 Millionen Livres aus dem Staatsschatz verausgabt, davon 80 Millionen für die Familie des Königs. Jeder der beiden Brüder des Königs hatte in dieser Weise über 14 Millionen „erworben". Der Finanzminister Calonne kaufte wenige Jahre vor dem Ausbruch der Revolution, angesichts eines riesenhaften Defizits im Staatshaushalt, das Lustschloß St. Cloud um 15 Millionen Livres für die Königin und Rambouillet um 14 Millionen für den König. Denn dieser betrachtete sich nicht bloß als Staatsoberhaupt, sondern auch als Ersten unter den Grundbesitzern und trug kein Bedenken, sich als solcher auf Staatskosten zu bereichern.

Die Familie Polignac, die sich der besonderen Gunst Marie Antoinettes erfreute, bezog allein Pensionen im Betrag von 700 000 Livres. Der Herzog von Polignac erhielt dazu eine Leibrente von 120 000 Livres und ein einmaliges Geschenk von 1 200 000 Livres, sich damit ein Gut zu kaufen.*

Wir haben bisher vom Adel schlechthin als vom Unternehmer dieser organisierten Plünderung von Staat und Volk gesprochen. Dies ist eigentlich ungenau. Ein erheblicher Teil des Adels, freilich nur eine Minorität, beteiligte sich nicht nur nicht daran, sondern war darüber aufs äußerste entrüstet. Es war das der

---

* Ausführliche Angaben über diese Pensionen findet man unter anderem bei Louis Blanc: Histoire de la Révolution française, 3. Buch, 5. Kap.: Le livre rouge.

kleinere und mittlere Adel der ökonomisch zurückgebliebenen Pro=
vinzen, in denen die Feudalwirtschaft noch in voller Kraft fort=
bestand, so zum Teil in der Bretagne, so in der Vendée. Da
lebten die Feudalherren nach alter Weise auf ihren Schlössern,
statt nach Paris und Versailles zu ziehen, inmitten ihrer Bauern,
selbst nur höhere Bauern; roh und ungebildet, aber auch kräftig
und selbstbewußt, befriedigten sie leicht ihre Ansprüche, die sich
hauptsächlich auf vieles und gutes Essen und Trinken erstreck=
ten, durch die Naturallieferungen ihrer Hintersassen. Weder von
Schulden gedrängt, noch zu kostspieligem Aufwand getrieben, hatten
sie keine Ursache, die ihnen gebührenden Leistungen zu vermehren
oder auch nur rücksichtslos einzutreiben. Sie standen mit ihren
Bauern keineswegs auf schlechtem Fuße. Schon das Zusammen=
leben unter ähnlichen Umständen erweckt eine gewisse Sympathie.
Und der Feudalherr in den zurückgebliebenen Gegenden war noch
nicht der unnütze Ausbeuter und Schmarotzer wie in den vor=
geschritteneren. In letzteren hatte die königliche Bureaukratie
nach und nach alle administrativen, polizeilichen und richterlichen
Funktionen von Bedeutung, die ehedem der Feudalherr ausgeübt,
übernommen. Was diesem davon noch blieb, war für die Ordnung
und Sicherheit seines Gebiets gleichgültig, es wurde aus einem
Mittel, dessen Wohlstand zu wahren, zu einem Mittel, es aus=
zubeuten. Die gutsherrlichen Justiz= und Polizeibeamten bekamen
da keineswegs ein Gehalt. Im Gegenteil, sie mußten ihre Posten
bezahlen; sie erkauften damit die Erlaubnis, die Untergebenen
ihres Herrn zu rupfen.

Anders in den altfeudalen Bezirken. Der Gutsherr verwaltete
da noch seinen Gutsbezirk, sorgte für die Straßen und die Sicher=
heit auf denselben, entschied Streitigkeiten unter seinen Unter=
gebenen, bestrafte Vergehen und Uebertretungen. Ja, er übte
mitunter sogar noch die alte Funktion aus, seine Leute gegen den
auswärtigen Feind zu schützen — freilich nicht gegen feindliche
Armeen. Der Feind, der sich in diesen Landschaften von Zeit zu
Zeit zeigte, sie zu plündern, das waren die Steuerbeamten des
Königs; wir haben Beispiele erhalten, daß der Feudalherr sie
verjagte, wenn sie es zu bunt trieben.

Diese Adeligen waren keineswegs gesonnen, sich der könig=
lichen Gewalt unbedingt zu unterwerfen. Der Hofadel mit seinen
Anhängseln in Armee, Kirche und höherer Bureaukratie hatte
alle Ursache, für die Stärkung der absoluten Gewalt des Königs

einzutreten. Was den Feudalherren nicht gelang, auf Grundlage ihrer feudalen Titel dem Bauer zu erpressen, das holten die Steuerpächter und Beamten des Königs heraus, und zwar um so besser, je größer ihre Macht, je absoluter die königliche Gewalt. Je unumschränkter das Königtum, desto willkürlicher und rücksichtsloser konnte es die Steuerschraube anziehen, desto mehr konnte es aber auch von den Staatseinnahmen der Deckung der Staatsbedürfnisse entziehen und an seine Kreaturen verschwenden.

Das war jedoch nicht nach dem Sinne der Landjunker. Von den Gnaden des Hofes fiel für sie nichts ab, sie bedurften deren auch nicht. Je mehr aber die Steuerschraube angezogen wurde, desto mehr verarmten ihre Untertanen, und je mehr die richterliche, administrative und polizeiliche Gewalt an die Bureaukratie des Königs kam, desto mehr verloren sie selbst an Macht und Ansehen in ihrem Bezirk.

Sie fühlten sich nicht, gleich den Hofschranzen, als Lakaien des Königs, sondern in echt feudalem Geiste als dessen Ebenbürtige. Für sie war, wie in der Feudalzeit, der König nur der größte Grundbesitzer unter Grundbesitzern, der Erste unter Gleichen, der keine Veränderung im Staate ohne ihre Zustimmung vollziehen durfte, dem gegenüber sie an ihren angestammten Freiheiten und Rechten zäh festhielten, freilich ohne großen Erfolg. Sie hatten um so mehr Ursache dazu, da in dem Maße, als die Bedürfnisse des Staatsschatzes stiegen, neue Steuern eingeführt wurden, die, entgegen seiner früheren Steuerfreiheit, auch den Adel trafen, so daß die Landjunker zu den Lasten des Staates beitragen mußten, ohne seiner Vorteile teilhaftig zu werden. Immer lauter riefen sie daher nach Sparsamkeit im Staatshaushalt, nach Reformen des Finanzwesens, nach dessen Ueberwachung durch eine ständische Vertretung.

So sehen wir den Adel in zwei einander feindliche Fraktionen gespalten: in den Hofadel und dessen Anhang, der die ganze hohe und die Mehrheit der mittleren und niederen Aristokratie umfaßt, der entschieden eintritt für die absolute Gewalt des Königtums, und in den Landadel, aus dem mittleren und niederen Adel ökonomisch unentwickelter Bezirke bestehend, der lebhaft nach der Einberufung einer ständischen Vertretung zur Kontrolle der Staatsverwaltung verlangt.

Beurteilt man Parteien der Vergangenheit nicht nach den Klasseninteressen, die sie vertreten, sondern nach der äußerlichen

Uebereinstimmung ihrer Tendenzen mit modernen Schlagworten, dann müssen uns die zurückgebliebensten Elemente Frankreichs als „vorgeschrittene", als „Liberale" erscheinen, da sie an Stelle der absoluten eine beschränkte Monarchie, in ähnlicher Weise wie der dritte Stand, anstrebten.

Und doch stand niemand den neuen Ideen und den auf= strebenden Klassen so feindlich gegenüber wie sie.

Der Krautjunker hegte gegen den Bourgeois den Haß des Bauern gegen den Städter, des Menschen der Naturalwirtschaft gegen den Geldmenschen, des Ungebildeten gegen den Gebildeten, des Erbgesessenen gegen den sich eindrängenden Emporkömmling. Er behandelte ihn mit unverhohlener Verachtung, wo er ihm begegnete, was freilich nicht allzu häufig der Fall war.

Dagegen kamen der städtische Adel und ein Teil der Bour= geoisie einander rasch näher. Dem Gevatter Schneider und Hand= schuhmacher begegnete freilich der höfische Aristokrat womöglich noch hochmütiger als sein Standesgenosse vom Lande. Der Hand= werker mußte sich's zur Ehre anrechnen, für den hohen Herrn arbeiten zu dürfen; daß er für seine Arbeit auch bezahlt sein wollte, erschien als eine unverschämte Anmaßung. Ganz anders verkehrte man aber mit den Herren von der hohen Finanz. Sie besaßen in reichlichstem Maße, was der Adel am meisten brauchte, Geld; von ihnen hing er ab, in ihrem Belieben lag es, ihn bankerott zu machen oder seine Existenz noch weiter zu fristen. Wenige Familien ausgenommen, waren die höfischen Aristokraten alle die Schuldsklaven der hohen Finanz, vom König bis zum geringsten Pagen. Solchen Herren durfte man nicht zu anmaßend kommen. Ludwig XIV., der stolze „König Sonne", hatte einst im Angesicht des Hofes den Juden Samuel Bernard gleich einem Fürsten begrüßt: allerdings war der Mann sechzigfacher Millionär. Sollten des Königs Diener stolzer sein als ihr Herr? Die hohe Finanz wurde dem Adel immer ähnlicher; sie kaufte adelige Titel und adelige Güter; gar mancher verarmte Edelmann suchte sogar sein verrostetes Wappenschild durch eine Ehe mit einer reichen Finanzaristokratin von neuestem Adel zu vergolden. Man tröstete sich damit, daß der beste Acker von Zeit zu Zeit gedüngt werden müsse. Seitdem ist der Adel ziemlich tief in den Dünger hinein= geraten. Die Salons der hohen Finanz glichen immer mehr denen des Adels, und was die Annäherung der beiden Klassen vielleicht am meisten förderte, sie fanden sich im gleichen Kote.

Die Prostituierten waren für Lebemänner aus dem dritten Stande ebenso feil wie für Grafen, Herzöge und Bischöfe. Im Bordell verschwanden alle Standesunterschiede, und der Hof von Frankreich ähnelte einem solchen in bedenklicher Weise. Wir haben oben gesehen, wie ein Erzbischof eine Königin mit Diamanten zu erkaufen suchte.

Verschiedene Schriftsteller (so zum Beispiel Buckle) haben in der zunehmenden Vermischung der Adeligen mit den Geldleuten von Paris ein Resultat des „demokratischen Geistes" gesehen, der vor dem Ausbruch der Revolution angeblich in allen Köpfen spukte, zu welcher Klasse immer sie gehören mochten. Schade, daß um dieselbe Zeit gerade auf das Betreiben dieser „demokratischen" Edelleute hin die Ahnenprobe für den Offiziersstand verschärft, die Kirchengüter für eine ausschließliche Apanage des Adels erklärt und neue adelige Sinekuren in der Bureaukratie geschaffen wurden. Es waren nicht die demokratischen Ideen, sondern materielle Interessen, welche, während sie in bezug auf die Staatsämter die aristokratische Exklusivität verschärften, die äußerliche Trennung zwischen dem alten Grundadel und dem neuen Geldadel zusehends abschwächten.

Diese „Vorurteilslosigkeit" des Pariser Adels auf dem Gebiet der Geselligkeit war natürlich den Krautjunkern ein Greuel. Noch mehr vielleicht die Vorurteilslosigkeit auf religiösem und moralischem Gebiet. Der Landadelige, der noch inmitten des alten feudalen Getriebes lebte, hielt auch fest an den Gedankenformen, die demselben entsprachen, an der Religion seiner Väter. Für den Pariser Adeligen waren dagegen die Ueberreste des Feudalismus nur noch Mittel, die Massen auszubeuten und niederzuhalten; einen anderen Sinn hatten für ihn seine Funktionen nicht mehr, von denen sich meist nur noch der Titel und die dem entsprechenden Einkünfte erhalten hatten. Von diesem Standpunkt aus betrachtete er auch die Religion. Für ihn selbst, der in der Stadt fern von den feudalen Ruinen lebte, verlor sie jede Bedeutung; sie erschien ihm nur noch gut, gleich den anderen Ueberresten der Feudalzeit, die Massen niederzuhalten und auszubeuten. Für das „unwissende" Volk war in seinen Augen die Religion höchst notwendig, es konnte ohne sie nicht bestehen; aber der „aufgeklärte" Adel mochte ihrer spotten.

Hand in Hand mit der Entwicklung der Freidenkerei in den adeligen Salons ging der Verfall der alten Sitten, denen ja auch die materielle Grundlage entzogen war. Für den altfeudalen Grundherrn war sein Haushalt und die Beschaffenheit der Herrin desselben von der größten Bedeutung; ohne geregelte, stetige Haushaltung geriet der ganze Mechanismus der Produktion ins Stocken. Eine feste Ehe, eine stramme Familienzucht waren da eine Notwendigkeit. Für den Höfling, der nichts mehr zu tun hatte, als sich zu amüsieren und Geld hinauszuwerfen, wurden Ehe und Familie höchst überflüssig; sie wurden lästige Formen, denen man sich zwar äußerlich unterwarf, da man doch legitime Erben erzielen mußte, an denen man jedoch nicht strenge festhielt. Wie die Könige dem Adel in bezug auf „freie Liebe" vorangingen, ist zu bekannt, als daß wir hier des näheren darauf eingehen müßten.

Der Landadel war natürlich über diese „Vorurteilslosigkeit" des Stadtadels ebenso empört wie über seine Ausbeutung der Staatsfinanzen, indes dieser jenem wieder seine Roheit und Unwissenheit sowie seine Unbotmäßigkeit vorwarf. Beide Teile standen sich aufs feindlichste gegenüber.

Es gab aber neben diesen beiden Adelsparteien noch Adelige, die zum Feinde übergingen und das Feudalsystem von Grund aus bekämpften. Namentlich in den Reihen des niederen, finanziell ruinierten Adels fanden sich viele, denen die kirchliche Laufbahn nicht zusagte, die dem Kriegsdienst nicht gewachsen waren, die bei Hofe nicht vorwärts kamen oder geradezu in Ungnade fielen, endlich Männer, die die Fäulnis des Hofadels ebenso anekelte wie die Roheit und Borniertheit der Krautjunker, die den Zusammensturz des herrschenden Systems für unvermeidlich erkannten, die das Elend der Massen mit tiefem Mitleid erfüllte. Sie stellten sich auf die Seite des dritten Standes, sie gesellten sich zu seiner Intelligenz, zu seinen Literaten, Pamphletisten, Journalisten, die in demselben Maße an Macht zunahmen, in dem der dritte Stand an Bedeutung stieg. Es waren die intelligentesten, energischsten, unerschrockensten und charakterfestesten Mitglieder der Aristokratie, die sich so auf Seite des dritten Standes schlugen; zuerst kamen sie vereinzelt; als sein Sieg entschieden war, strömten sie ihm in hellen Haufen zu und schwächten ihre Klasse in dem Moment auf das empfindlichste, in dem sie der Zusammenfassung aller ihrer Kräfte bedurfte, um den Untergang wenigstens hinauszuschieben.

Und in dem gleichen Moment versagten auch jene beiden Stützen, auf die das alte Regime am sichersten gebaut hatte, die Geistlichkeit und die Armee.

In beiden Körperschaften waren, wie schon erwähnt, die höheren Posten dem Adel vorbehalten; der britte Stand dagegen lieferte die Unteroffiziere und die Pfarrer, denen, jedem in einem anderen Wirkungskreis, doch die gleiche Aufgabe gestellt war, ihre Untergebenen zu willenlosen Maschinen zu brillen, die jedem Befehl von oben ohne weiteres gehorchten. Aber diejenigen, die so die Werkzeuge der herrschenden Klassen herzurichten und zu leiten hatten, gehörten selbst zu den Ausgebeuteten.

Die Kirche war enorm reich. Ein Fünftel des Bodens von ganz Frankreich gehörte ihr, und zwar das fruchtbarste, best angebaute Fünftel, dessen Wert den des anderen Bodens verhältnismäßig weit überstieg. Man schätzte den Wert der Kirchengüter auf viertausend Millionen Livres,* ihren Ertrag auf hundert Millionen. Der Zehnte trug dem Klerus überdies noch 123 Millionen jährlich. Von diesen riesigen Einkünften, ganz abgesehen von den Einnahmen aus dem beweglichen Vermögen der verschiedenen kirchlichen Korporationen, fiel der Löwenanteil an die hohen Würdenträger und die Klöster,** die Pfarrer dagegen lebten in der jämmerlichsten Armut, in elenden Wohnhöhlen, oft dem Verhungern nahe. Und doch fielen ihnen allein alle Funktionen zu, die der Kirche überhaupt noch geblieben waren. Sie merkten nichts davon, daß sie einem privilegierten Stande angehörten. Durch ihre Familienbeziehungen mit dem dritten Stande verbunden, ohne Aussicht, je vorwärts zu kommen, arm, mit Arbeit überbürdet, inmitten einer elenden Bevölkerung gesetzt, sollten sie dieser die Pflicht unbedingten Gehorsams gegen jene unnützen Tagebiebe einschärfen, die sie selbst nur mit Fußtritten belohnten; sollten sie die Ausbeutung eines Volkes fördern, dem man schon das Letzte genommen; die Ausbeutung ihrer Brüder und Väter, zugunsten übermütiger Prasser, die ihren Lustdirnen

---

* 1791 schätzte der Deputierte Amelot den Wert der verkauften oder zu verkaufenden Kirchengüter ohne die Wäldereien auf 3700 Millionen.

** Die 399 Prämonstratenser schätzten ihre Jahreseinnahme auf mehr als eine Million; die Benediktiner von Cluny, 298 an der Zahl, bezogen jährlich 1 800 000 Livres, die von St. Maur, 1672 stark, hatten gar eine Reineinnahme von 8 Millionen, abgesehen von dem, was auf ihre Aebte und Titularpriore entfiel, die ungefähr eine ebenso hohe Summe jährlich einsteckten.

den Arbeitsertrag tausender von Menschen unbesehen in den Schoß warfen.

Und sollten die Unteroffiziere der Armee ewig ohne Lohn und ohne Aussicht sich schinden lassen von adeligen Gelbschnäbeln und Laffen, die vom Dienst nichts verstanden und sich darum nicht kümmerten, indessen den Unteroffizieren immer mehr die wichtigste und anstrengendste Arbeit zufiel?

Je mehr die adelige Anmaßung und Habsucht stieg, je ausschließlicher die Aristokraten sich die guten Posten in Armee und Kirche wahrten, desto mehr drängten sie Unteroffiziere und Pfarrer auf die Seite des dritten Standes. Die Machthaber sahen freilich von dieser Entwicklung nichts, dank der Pflicht des stummen Gehorsams, die den Subalternen in Heer und Kirche auferlegt war. Um so ärger traf sie der Schlag, als im entscheidenden Moment, da sie ihrer Hilfstruppen am notwendigsten bedurften, diese sich gegen sie wandten.

In den Generalständen von 1789 war anfangs die wichtigste Frage die, ob die Abstimmungen nach Köpfen oder nach Ständen stattfinden sollten. Der dritte Stand verlangte ersteres — war doch die Zahl seiner Vertreter doppelt so stark als die jedes der beiden anderen Stände. Der Adel dagegen glaubte, mit Hilfe des Klerus, die Generalstände zu beherrschen, wenn die Abstimmung nach Ständen vorgenommen würde.

In diesem Kampf ließ der Klerus den Adel im Stich. Unter seinen Vertretern zählte man 48 Erzbischöfe und Bischöfe und 35 Aebte und Dechanten, daneben aber 208 Pfarrer. Diese schlugen sich in ihrer großen Mehrheit auf Seite des dritten Standes und trugen dadurch erheblich dazu bei, daß die Abstimmung nach Köpfen zum Sieg gelangte.

Die Armee sollte die Niederlage des Adels wieder gut machen. Der Hof traf umfassende militärische Maßregeln in Versailles und Paris, die auf einen kommenden Staatsstreich hindeuteten. Hatte man Paris niedergeschlagen, dann hoffte man leicht mit der Nationalversammlung fertig zu werden, in die sich die Generalstände verwandelt hatten. Ein Aufstand war durch die Entlassung des populären Ministers Necker leicht provoziert (12. Juli). Aber er sollte nicht zum Vorteil des Hofes endigen. Die französischen Garden gingen zum Volk über, die anderen Regimenter weigerten sich, zu schießen, die Offiziere mußten sie zurückziehen, wollten sie nicht auch deren Abfall sehen. Aber

das Volk, um sich gegen weitere Gewaltstreiche zu schützen, be=
ruhigte sich dabei nicht. Es bewaffnete sich am 13. Juli, und
als sich am 14. Juli die Nachricht verbreitete, daß die Vorstadt
St. Antoine durch die Kanonen der Bastille bedroht sei und
gleichzeitig frische Truppen von St. Denis anmarschierten, eroberten
Volk und französische Garden vereint die verhaßte Zwingburg.
Der Abfall der Pfarrer und der der Garden sind zwei entschei=
dende Momente in der französischen Revolution.

So sehen wir die ganze reaktionäre Masse, Adel, Klerus,
Armee, beim Ausbruch der Revolution zerklüftet und zerspalten.
Ein Teil unzuverlässig, ein Teil offen auf seiten des Feindes,
ein Teil stockreaktionär, aber ein Gegner der absoluten Monarchie,
eifrig nach Reformen im Finanzwesen rufend, ein Teil „aufge=
klärt“, aber tief in die Mißbräuche des herrschenden Systems
verstrickt, die zu seiner Existenzbedingung geworden waren, so daß
jede Finanzreform sein Todesurteil war; der eine Teil der an
ihren Privilegien zäh hängenden Privilegierten kühn und energisch,
aber unwissend, verbauert, unfähig zur Staatsverwaltung; der
andere Teil gebildeter, mit den Staatsbedürfnissen vertraut, aber
feig und charakterlos. Ein Teil schwach und ängstlich, zu Kon=
zessionen geneigt, ein anderer hochmütig und gewalttätig; alle
diese Gegensätze einander lebhaft bekämpfend, einer dem anderen die
Schuld beimessend, daß es so weit gekommen war; und der Hof,
diesen Einflüssen preisgegeben, bald von dem einen, bald von dem
anderen beherrscht, heute durch Gewalttaten erbitternd, morgen
durch Feigheit sich verächtlich machend: das ist das Bild des
herrschenden Standes im Anfange der Revolution.

—

IV.

Der Beamtenadel.

Eine eigentümliche Mittelstellung zwischen den beiden ersten
Ständen und dem dritten Stande nahmen die Organe der Staats=
verwaltung ein.

Zum Teil hatten sich noch die Organe der alten, feudalen
Verwaltung erhalten, ihrer wesentlichen Funktionen, aber nicht
ihrer Einkünfte beraubt. Da diese Stellen zu den vornehmsten
Mitteln gehörten, den Staat zugunsten des Feudaladels aus=

zudeuten, wurden sie keineswegs in dem Maße eingezogen, in dem sie überflüssig wurden. Im Gegenteil, gerade die lukrativsten und überflüssigsten unter ihnen wurden im Laufe des 18. Jahrhunderts noch vermehrt, wie wir gesehen.

Neben diesen nutzlosen Organen mußten jedoch andere geschaffen werden in Justiz, Polizei, Steuerwesen, die der neuen Monarchie besser entsprachen. Man schuf immer mehr Beamtenstellen, deren Inhaber vom Könige ernannt wurden. Aber anfänglich wurden sie vom König nur unbedeutend oder gar nicht besoldet, und vielmehr auf den Ertrag von Abgaben, Sporteln verwiesen, mit denen die Bevölkerung ihre Funktionen zu bezahlen hatte. In dem Maße, in dem der Wirkungskreis der Aemter wuchs, wuchsen ihre Einkünfte; da lag es für die in ewiger Geldnot befindlichen Könige nahe, Aemter, die so gute Einkommen lieferten, nicht einfach zu verleihen, sondern zu verkaufen. Bereits im 15. Jahrhundert begann in Frankreich dieser Gebrauch und bürgerte sich rasch ein als eines der Hauptmittel der Könige, Geld zu erlangen. Zu diesem Zweck wurden die Staatsämter rasch vermehrt. Nicht bloß die Vorstände der Zünfte und anderer Korporationen, auch die Handwerksmeister selbst wurden zu Staatsbeamten, die ihre Stellen zu bezahlen hatten, wenn nicht ihre Zunft reich genug gewesen war, ihre Selbständigkeit zu erkaufen; man nahm auch den Städten ihre Autonomie, um, falls sie nicht diese mit schwerem Geld wieder einlösten, die städtischen Aemter und Würden zu staatlichen zu machen, natürlich auf Kosten der städtischen Bevölkerung, von der sie ihre Sporteln bezogen. Aber auch das genügte nicht, um der ewigen Geldnot der Monarchen ein Ende zu machen, und es wurden schließlich die absurdesten Aemter erfunden und verkauft, damit aber auch die Bevölkerung zu Abgaben an sie verpflichtet. So wurden zum Beispiel in den letzten Jahren Ludwigs XIV. folgende „Aemter" neu geschaffen; Die Perückenaufseher, die Schwein- und Ferkelbeschauer, die Heuzähler, die Aufseher des Holzaufschichtens (conseillers du roi controleurs aux empilements des bois), die Beschauer der frischen, die Verkoster der gesalzenen Butter usw. Von 1701 bis 1715 nahm der König für den Verkauf von neuen Aemtern 542 Millionen Livres ein. Wer der Käufer war, kam nicht in Betracht. Die Zahlmeister der Armee kauften die Stellen derjenigen, die sie überwachen sollten, und befreiten sich dadurch von jeder Kontrolle.

Mit einer solchen Beamtenschaft ließ sich auf die Dauer ein großer moderner Staat nicht regieren. Unter ihr erstand eine neue Beamtenschicht, eine stramm zentralisierte, vom König völlig abhängige Bureaukratie, die nicht bloß die Funktionen der feudalen Verwaltungsorgane, sondern auch die der Kaufämter immer überflüssiger machte, ohne jedoch deren Zahl und die durch sie geübte Ausbeutung zu verringern.

Im Gegenteil, die Kaufämter entwickelten aus sich eine neue Aristokratie. Mit Steuerfreiheit und anderen Privilegien bedacht, wurden die wichtigsten unter ihnen gegen eine bestimmte Abgabe erblich und verliehen den Adelsrang. Sie bildeten den Adel des Amtstalars (noblesse de robe) gegenüber dem alten feudalen Adel, dem Adel des Degens (noblesse de l'épée). Oekonomisch vom König unabhängig, zeigte sich der neue Adel mitunter recht unbotmäßig, oft unbotmäßiger als der alte Adel.

An der Spitze dieser Beamtenaristokratie standen die Parlamente, mit welchem Namen man die höchsten Gerichtshöfe bezeichnete.

Die neuaufstrebende kapitalistische Produktionsweise hatte die Klasse der Juristen besonders wichtig und unentbehrlich gemacht. Je mehr die Warenproduktion zur herrschenden Form der Produktion wurde, desto zahlreicher und verwickelter wurden die Verträge zwischen den einzelnen Warenbesitzern, desto strittiger die Verhältnisse, die daraus erwuchsen. Das feudale Recht und die feudale Gerichtsbarkeit standen diesen Verhältnissen hilflos gegenüber; diese erforderten ein neues Recht, das man anfangs aus dem kanonischen Recht zu entwickeln suchte, als dessen geeignetste Grundlage man aber bald das römische Recht fand. Die neuen Verhältnisse erforderten aber auch Leute, die ihr ganzes Leben der Aufgabe widmeten, sich in den verschlungenen Irrgängen des neuen Rechtes zurechtzufinden. Die Klasse der Juristen, Richter und Advokaten, wuchs rasch an und wurde ebenso angesehen wie unentbehrlich. In der Tat, eine Arbeitseinstellung von ihrer Seite drohte den ganzen Handel und Wandel ins Stocken zu bringen.

Daß die obersten Gerichtshöfe besonderes Ansehen genossen, ist natürlich. Dies Ansehen wurde noch erheblich vermehrt durch ihre politische Stellung. Die französischen Könige sahen in den Parlamenten, die sich aus dem dritten Stande rekrutierten und auf Grundlage eines dem Absolutismus günstigen Rechtes, des römischen, urteilten, treffliche Werkzeuge, den Widerstand des

Feudaladels zu brechen, und erweiterten zu diesem Behufe ihre Befugnisse und ihre Macht im Laufe des 14. und 15. Jahrhunderts immer mehr. Die Käuflichkeit der Parlamentsämter aber, die im 16. Jahrhundert eingeführt wurde, die ökonomische Selbständigkeit der Parlamente, deren Wichtigkeit für das gesamte soziale und politische Leben immer mehr zunahm, deren Mitglieder immer reicher wurden, dank den fetten Sporteln, die sich zusehends mehrten, brachte es dahin, daß die Gerichtshöfe, die zu ihren Machtbefugnissen als Werkzeuge des Absolutismus gelangt waren, schließlich es wagten, von dieser Macht zur Wahrung ihrer Selbständigkeit und ihrer Privilegien gegenüber dem absoluten Königtum selbst in einer Zeit Gebrauch zu machen, in der jede andere Schranke desselben niedergerissen war, so daß es allmächtig schien.

Alle diese Umstände erscheinen uns jedoch noch nicht hinreichend, die gewaltige Rolle zu erklären, die das oberste und älteste der Parlamente, das Pariser, vom 16. bis in das 18. Jahrhundert spielte. Weder sein Alter noch sein Rang machen diese Rolle begreiflich, sondern nur der Umstand, daß dies Parlament eben das Parlament von Paris war, von Paris, das bereits in den Hugenottenkriegen gezeigt hatte, daß kein König es ungestraft mißachten durfte. In der Macht der öffentlichen Meinung von Paris lag nicht zum geringsten Teil die Macht des dortigen Parlaments. Aber eben deswegen mußte es dieser Meinung Konzessionen machen, mußte es seine Haltung danach einrichten, daß sie den Beifall der Pariser fand. Das führte zu ganz merkwürdigen Resultaten.

Es ist natürlich, daß die vom König ökonomisch unabhängigen Beamten nicht bloß sehr unbotmäßig waren, sondern auch bei ihrer Amtsführung in der Regel nur ihren persönlichen Vorteil im Auge hatten. Weder Furcht vor Absetzung, noch Hoffnung auf Beförderung, oder etwa gar Interesse für das betreffende Gebiet, das sie zu verwalten hatten, wirkten auf sie ein. Sie begnügten sich nicht mit ihren regelmäßigen Einkünften und Sporteln, sondern suchten dieselben durch Mißbrauch ihrer Amtsgewalt zu erhöhen, wo sie nur konnten. Die Steuerbeamten betrogen den Fiskus, sahen den Reichen die Steuern nach, die ihre Gunst erkauften, und deckten den Ausfall durch desto ärgere Erpressungen aus den Taschen der Armen. Käuflich war die Justiz, käuflich die Polizei; Verwirrung, Unsicherheit, Korruption herrschten auf allen Gebieten der Staatsverwaltung.

Die Parlamente standen an der Spitze des Beamtenadels, in ihnen war dementsprechend auch die Korruption aufs höchste gediehen. Gemeinheit, Bestechlichkeit, Habsucht wucherten ebenso üppig in ihrer Mitte, wie aristokratischer Dünkel und fanatischer Haß gegen alle Neuerungen, die ihre Privilegien bedrohten, Eigenschaften, die ihnen im Laufe des 18. Jahrhunderts die Feindschaft der vorwärtsstrebenden, der rechtlichen Elemente und zahlreiche moralische Züchtigungen zuzogen. Mit voller Energie bekämpfte Voltaire „die Mörder von Calas, Labarre und Lally", und die „Memoiren", die Beaumarchais 1774 veröffentlichte, legten die volle Korruption des damaligen Gerichtswesens in vernichtender Weise dar.

Aber um diese Korruption, um ihre Privilegien wahren zu können, mußte das maßgebende Parlament, das von Paris, die Gunst der Pariser sich erhalten; mußte es die in Paris geläufigen Schlagworte zu den seinigen machen. Zusammen mit den Parisern und dem rebellischen Teil der Aristokratie stiegen die Parlamentsmitglieder im Jahre 1648, in der Bewegung der Fronde, auf die Barrikaden; im Einklang mit den Parisern trat das Pariser Parlament dem „Despotismus" der Minister Ludwigs XVI. gegenüber für „das Selbstbestimmungsrecht" und die „Freiheit der Nation" ein, wobei es allerdings sich selbst als die einzig berufene Volksvertretung bezeichnete.

Von den vielen sonderbaren Erscheinungen des vorrevolutionären Frankreich sind die Parlamente nicht die mindest sonderbaren, die für die Volksrechte eintraten, um ihre Privilegien zu wahren, die ihnen die Ausbeutung des Volkes sicherten.

V.

Die Empörung der Privilegierten.

Der Kampf zwischen den Parlamenten als Verfechtern des Beamtenadels und der straff zentralisierten despotischen Staatsverwaltung erweiterte sich mitunter zu einem Kampf sämtlicher Privilegierten gegen diese, gegen das absolutistische Königtum, zu einem Kampf, der nicht bloß in der Form einer Hofintrige geführt wurde, von der das Volk nichts ahnte, so tief auch der Zwiespalt sein mochte, sondern der an die Klassengenossen außerhalb des Hofes appellierte und die Menge in sein Bereich zog.

Die bedeutendste dieser Bewegungen war die bereits im vorigen Kapitel erwähnte Fronde. Sie fiel in die erste Hälfte des 17. Jahrhunderts, als der Adel noch Selbstbewußtsein und Kraft besaß. Eine ähnliche Bewegung sollte im letzten Viertel des 18. Jahrhunderts anheben. Die Bewegung von 1648 lief auf eine neuerliche Verstärkung des Absolutismus hinaus. Die Bewegung, die 1787 begann, sollte mit dem Siege des dritten Standes enden, sie sollte den Anstoß geben zur großen Revolution.

Wir haben im 2. Kapitel bereits auf die schwankende Haltung Ludwigs XVI. hingewiesen.

War dieser der klassischste Vertreter der Doppelseele der absoluten Monarchie des 18. Jahrhunderts, so haben deren beide Seiten auch unter seiner Regierung ihren klassischsten Ausdruck gefunden in Turgot und Calonne. Der erstere, ein ebenso tiefer Denker wie großer Charakter, suchte als Minister wirklich die Staatsgewalt der Förderung der ökonomischen Entwicklung dienstbar zu machen, deren Hindernisse aus dem Wege zu räumen und durchzuführen, was die Theoretiker zur Erhaltung des Staates und der Gesellschaft als unumgänglich notwendig erkannt hatten. Er wies es zurück, die Staatsverwaltung als Organ der Ausbeutung des Staates im Interesse des Hofadels mißbrauchen zu lassen. Er hob die Fronden, die Binnenzölle, die Zünfte auf und befreite die Industrie vom Druck der Reglements. Er wollte Adel und Geistlichkeit in gleicher Weise wie den dritten Stand zu den Steuern heranziehen und die Verausgabung der Staatseinnahmen der Kontrolle einer ständischen Versammlung unterwerfen. Das waren unerträgliche Eingriffe in „geheiligte Rechte“. Geführt von der Königin, erhob sich das Heer der privilegierten Ausbeuter gegen den Reformminister, und Turgot erlag dem Ansturm 1776.

Nach einer Reihe von Experimenten, Versuchen, den Pelz zu waschen, ohne ihn naß zu machen, berief der König Calonne ans Ruder (1783). Das war ein Mann nach dem Herzen der Königin; ein oberflächlicher, aber geriebener und unverschämter Schwindler, verriet er die Maxime, dem immer unersättlicher werdenden Hofadel nicht bloß die gegenwärtigen, sondern auch die zu erwartenden Einnahmen des Staates zu opfern, nicht bloß dessen augenblickliche Finanzen, sondern auch dessen Kredit rein auszuplündern. Eine Anleihe folgte der anderen; während der drei Jahre, die er Minister war, pumpte er für den Staatsschatz

650 Millionen Livres (die genaue Darlegung bei Louis Blanc, I, 233), eine für die damaligen Verhältnisse ungeheure Summe. Und fast alles davon sackte der Hof ein, der König, die Königin und ihre Günstlinge. „Als ich sah, daß alles seine Hand hinstreckte, hielt auch ich meinen Hut unter", sagte ein Prinz, der den damaligen Freudenrausch erzählt. In der Tat, der Hof schwamm in Wonne, keine Stimme erhob sich, die warnend gezeigt hätte, wohin solch wahnsinniges Treiben führen müsse; Ludwig XVI. selbst bezeigte seine außerordentliche Zufriedenheit mit dem Finanzminister, der seine Tätigkeit bezeichnenderweise damit begonnen, daß er sich vom König seine Schulden im Betrag von 230 000 Livres bezahlen ließ. Alles bei Hofe wunderte sich darüber, wie leicht und rasch es dem großen Mann gelungen, die soziale Frage zu lösen.*

Das wahnwitzige Treiben des Hofes hatte natürlich den Erfolg, den Zusammenbruch des ganzen Systems zu beschleunigen. Nach drei Jahren toller Wirtschaft war Calonne mit seinem Witz zu Ende; das jährliche Defizit war auf 140 Millionen Livres gestiegen, und selbst Calonne sah sich zu dem Geständnis gezwungen, daß den unmittelbar drohenden Bankerott keine Anleihe mehr hinausschieben könne, sondern nur eine Erhöhung der Einnahmen und Verminderung der Ausgaben des Staates, was beides nur möglich war auf Kosten der Privilegierten. Aus dem Volk ließ sich nichts mehr herausschinden.

Als Calonne das den Notabeln mitteilte, die er einberufen (Februar 1787), antwortete ihm ein Wutgeheul aus den Reihen der Privilegierten, ein Wutgeheul, nicht über die Schamlosigkeit, mit der Calonne bisher gewirtschaftet, sondern darüber, daß diese schamlose Wirtschaft jetzt ein Ende nehmen solle, weil eine Fortsetzung unmöglich geworden. Calonne fiel, als aber seine Nachfolger die Politik der Vermehrung der Auflagen auf die Privilegierten fortsetzen mußten, so daß diese zur Ueberzeugung gelangten, das Königtum sei nicht mehr imstande, ihnen die Ausbeutung Frankreichs im bisherigen Maße weiterhin zu sichern, da erhoben sie sich gegen dies Königtum selbst. Unglaublich, aber wahr: Adel, Klerus, Parlamente, alle die Privilegierten,

---

* Als die erste Anleihe, die Calonne auflegte, infolge seiner schwindelhaften Versprechungen überzeichnet wurde, meinte ein hoher Herr: „Ich wußte ja wohl, daß Calonne den Staat retten werde, aber nie hätte ich gedacht, daß ihm das so geschwind gelingen würde."

deren Stellung bereits völlig unterwaschen war und die ihren einzigen Halt nur noch im Königtum gefunden hatten, taten sich jetzt zusammen, um diesen Halt selbst zu untergraben. So blind kann die Habgier eine Klasse, die sich überlebt hat, unmittelbar vor ihrem Untergang machen, daß sie selbst alles tut, diesen zu beschleunigen.

Die Privilegierten hatten keine Ahnung davon, wie sehr die gesellschaftlichen Machtverhältnisse sich geändert, sie glaubten, die Verhältnisse stünden noch wie ehedem, wo sie den Königen und dem dritten Stande getrotzt, und verlangten daher stürmisch nach der Wiedereinberufung von Generalständen nach dem Muster derer von 1614. Sie, die nur noch von der königlichen Gewalt gestützt wurden, wollten jetzt durch eigene Kraft ihre Privilegien, ihre Ausbeutung wahren. In dem Augenblick, wo die Privilegierten aufs innigste hätten zusammenhalten sollen, weil sie aufs schwerste bedroht waren, erstand eine Meuterei in ihrer Mitte wegen der Teilung der Beute!

Blind vor Wut, begaben sich die Privilegierten tatsächlich auf revolutionären Boden. Die Parlamente stellten im Mai 1788 sämtlich die Arbeit ein; die Geistlichkeit verweigerte jede Beisteuer zu den Staatsfinanzen, solange nicht die Generalstände einberufen seien; der Adel erhob sich bewaffnet in den Provinzen, und in der Dauphiné, Bretagne, der Provence, in Flandern und Languedoc kam es zu ernstlichen Unruhen.

Daß der dritte Stand an diesen Bewegungen immer mehr teilnahm und einstimmte in den Ruf nach Einberufung von Generalständen, brachte die Privilegierten nicht zum Nachdenken; das Königtum hatte gezeigt, daß es unmöglich mehr bloß der Hort der Ausbeutung sein könne, das Königtum war also der Feind, die absolute Gewalt der Monarchie zu brechen die Aufgabe der Privilegierten geworden. Den dritten Stand verachteten sie zu sehr, um ihn zu fürchten. Wer durfte auch vor dummen Bauernlümmeln, vor Schustern und Schneidern und einer Handvoll Advokaten Angst haben?

Dem vereinten Ansturm aller Stände war die monarchische Staatsgewalt nicht gewachsen. Sie mußte in die Einberufung von Generalständen willigen, die am 5. Mai 1789 eröffnet wurden, von wo an man gewöhnlich den Beginn der Revolution datiert. Es ist aber bemerkenswert, daß die Auflehnung gegen die absolute königliche Gewalt schon vorher begonnen hatte, und daß die Privilegierten es waren, die den Anstoß dazu gaben und jene Bewegung hervorriefen, die auf ihren eigenen Untergang hinauslaufen sollte; daß sie es waren, die die Einberufung jener Versammlung ertrotzten, die bestimmt war, ihren Untergang zu besiegeln.

Wohl vereinigten sich die feindlichen Brüder, Adel und Königtum, wieder, wohl scharten sich die Privilegierten wieder um den Monarchen, als sie merkten, wie feindlich ihnen die Stimmung im Volke, die Stimmung bei den Deputierten des dritten Standes sei. Aber da war es schon zu spät.

VI.

Die Bourgeoisie.

Ebenso zerklüftet, wie die beiden ersten Stände, zeigte sich auch der dritte Stand. Es ist heutzutage Mode geworden, die Kapitalistenklasse als dritten Stand zu bezeichnen, dem das Proletariat als vierter Stand gegenübersteht.* Ganz abgesehen

---

* Die Vorstellung eines vierten Standes taucht schon früh in der Revolution auf, aber nur selten versteht man unter dieser Bezeichnung die Arbeiterklasse. Engels teilte mir darüber folgende interessante Daten mit aus dem mir nicht zugänglichen russischen Buche Karejews über „Die Bauern und die Bauernfrage in Frankreich im letzten Viertel des 18. Jahrhunderts“, Moskau 1879, S. 327: Schon am 25. April 1789 erschien Dufourny de Villiers „Cahier du quatrième ordre, celui des pauvres journaliers, des infirmes, des indigents etc., l'ordre des infortunés“ (Die Forderungen und Beschwerden des vierten Standes, des Standes der besitzlosen Taglöhner, der Arbeitsunfähigen, der Armen usw., des Standes der Unglücklichen). In der Regel versteht man unter dem vierten Stand die Bauern. Zum Beispiel Noilliac, Le plus fort des Pamphlets. L'ordre des Paysans aux Etats généraux (Die kräftigste Flugschrift. Der Bauernstand in den Generalständen), 26. Februar 1789. S. 9 heißt es da: „Entnehmen wir der schwedischen Verfassung die vier Stände.“ Bartout, Lettre d'un paysan à son curé sur une nouvelle manière de tenir les Etats généraux (Brief eines Bauern an seinen Pfarrer über eine neue Art, die Generalstände abzuhalten), Cartrouville, 1789, S. 7: „Ich habe gehört, daß in einem nordischen Lande .... der Stand der Bauern zu der Versammlung der Stände zugelassen wird.“ Auch noch andere Auffassungen des vierten Standes kommen vor. Eine Broschüre will als vierten Stand die Kaufleute, eine andere die Beamten angesehen wissen usw.

davon, daß das moderne Lohnproletariat eine Klasse ist und nicht ein Stand, eine Gesellschaftsschicht, die sich von den anderen Schichten durch eine eigentümliche ökonomische Lage, nicht aber durch besondere rechtliche Institutionen unterscheidet, ganz abgesehen davon ist es schon deshalb unzulässig, von einem vierten Stand zu sprechen, weil das Proletariat bereits im Schoße des dritten Standes existierte. Dieser umfaßte eben die ganze Bevölkerung, die nicht den beiden ersten Ständen angehörte; nicht bloß Kapitalisten, sondern auch Handwerker, Bauern und Proletarier. Welche bunte Masse der dritte Stand vorstellte, kann man sich leicht denken. Wir finden in seiner Mitte die schärfsten Gegensätze, mit den verschiedensten Zielen und den verschiedensten Kampfesmitteln. Von einem einheitlichen Klassenkampf war da keine Rede.

Nicht einmal diejenige Klasse, die man heute vorzugsweise als dritten Stand bezeichnet, die Klasse der Kapitalisten, bildete eine geschlossene Phalanx.

An der Spitze der Kapitalistenklasse stand die hohe Finanz. Als der wichtigste Staatsgläubiger hatte sie allerdings alle Ursache, auf Reformen zu bringen, die den Staat vor dem Bankerott bewahrten, seine Einnahmen erhöhten, seine Ausgaben verringerten. Aber diese Reformen sollten nach dem bekannten Prinzip des „Wasch' mir den Pelz und mach' ihn nicht naß“ vor sich gehen. In der Tat, die Herren Finanziers hatten alle Ursache, einer einschneidenden wirklichen Finanz= oder gar Sozialreform feindlich gegenüberzustehen.

Die meisten von ihnen besaßen selbst große Feudalgüter, auch den Adelstitel, und wollten auf die damit verbundenen Vorrechte und Einkommen nicht gern verzichten. Sie hatten aber auch an der Erhaltung der Privilegien des Adels jenes wohlwollende Interesse, welches der Gläubiger daran hat, daß sein Schuldner nicht zugrunde gehe. Sie waren die Gläubiger nicht bloß des Königs, sondern auch des verschuldeten Adels. Die Oekonomen hatten gut demonstrieren, daß der Ertrag der Landgüter steigen werde, wenn sie nach rein kapitalistischen, statt nach halbfeudalen Prinzipien betrieben würden. Um den Uebergang zur rein kapitalistischen Landwirtschaft zu vollziehen, dazu gehörte ein gewisses Kapital, zur Errichtung gewisser Anlagen, zur Anschaffung von Vieh, Werkzeugen usw. Dieses Kapital besaßen die wenigsten Adeligen. Die Abschaffung der feudalen Leistungen drohte sie bankerott zu machen. Darauf hinzuwirken hatten ihre Gläubiger keine Ursache.

Auch gesellig und gesellschaftlich wurden, wie wir bereits gesehen, Adel und Finanz immer enger verbunden. Eine jede Finanzreform hätte überdies dahin führen müssen, daß an Stelle der Steuerpächter die Staatsregie trat. Eine Reihe der wichtigsten Staatseinkünfte, die Salzsteuer (gabelle), Getränkesteuer (aides), die Zölle, das Tabakmonpol, waren verpachtet. Die Pächter zahlten dafür jährlich dem Staat (in den letzten Jahren vor der Revolution) 166 Millionen Libres, erpreßten aber dem Volke vielleicht das Doppelte dieser Summe. Die Steuerpacht war eine der ergiebigsten Methoden, das Volk auszubeuten, wie hätten die Herren von der hohen Finanz freiwillig darauf verzichtet! Am allerwenigsten durfte man erwarten, daß sie dagegen auftreten würden.

Sie hatten auch kein Interesse daran, daß das Defizit und damit die Verschuldung des Staates ein Ende nehme. Von den Staatsschuldverschreibungen behielten sie nur einen Teil. Die Mehrzahl wußten sie um teures Geld dem „Publikum" anzuhängen, den mittleren und kleineren Kapitalisten, namentlich den Rentnern. Das Risiko bei der Uebernahme einer neuen Anleihe mußte also die hohe Finanz auf die Schultern anderer abzuwälzen. Der Profit aber, der ihr aus dem Abschluß einer solchen teils direkt, teils indirekt zufloß, durch Ausbeutung des Staates wie des Publikums, war ein ungeheurer. Jede neue Anleihe bedeutete eine reiche Ernte für die Finanzleute. Nichts wäre ihnen unangenehmer gewesen, als die Herbeiführung eines defizitlosen Budgets, das den Abschluß neuer Anleihen überflüssig machte.

Unter diesen Umständen ist es kein Wunder, daß die Sympathien der hohen Finanz als Klasse auf seiten des alten Regimes, des Privilegienstaates, waren. Es ist wahr, sie rief nach Reformen, aber wer verlangte die nicht vor der Revolution! Der verbohrteste Aristokrat war der Ueberzeugung geworden, der bestehende Zustand sei unerträglich und Reformen unerläßlich, die Unzufriedenheit mit dem Bestehenden war allgemein; aber jede Klasse wollte „Reformen", die nicht Opfer, sondern Vorteile für sie brachten.

Indessen wirkte die hohe Finanz, sehr gegen ihren Willen, als mächtiger politischer Agitator, als Mittel, die friedsamsten

Bürger zu Politikern und Freiheitsschwärmern zu machen. Sie war der Kanal, durch den immer mehr Staatsschuldverschreibungen immer weiter ins Volk drangen; sie war der Kanal, durch den die sich ansammelnden kleinen und mittleren Kapitalien durch das Mittel der immer rascher aufeinander folgenden Anleihen dem Hof zuflossen, um dort in den weiten Taschen der Höflinge zu verschwinden, ohne sie zu füllen, da sie alle bedenklich durchlöchert waren. Immer mehr kleine und mittlere Kapitalisten wurden Staatsgläubiger. Diese Sorte Bourgeois ist in der Regel für jede Regierung sehr harmlos. Der Philister hält die Politik für eine brotlose Kunst, die ihm nichts einbringt, die ihn höchstens noch Geld und Zeit kosten kann. Er huldigt dem Grundsatz, jeder solle bei seinem Leisten bleiben und das Regieren dem König überlassen. In einem absoluten Staat mit ausgebildeter Polizeispionage wie im alten Frankreich, wo die Teilnahme des Bürgers an der Politik überdem noch als eine Art Verbrechen galt, war die Abneigung des Philisters, sich um das zu kümmern, was außerhalb seiner vier Pfähle vorging, noch größer.

Aber das änderte sich, als er Gläubiger des Staates wurde und man anfing, die Möglichkeit des Bankerotts desselben zu erwägen. Jetzt hörte die Politik auf, eine brotlose Kunst zu sein, sie wurde eine wichtige Geschäftsangelegenheit. Der kleine und mittlere Bourgeois bekam plötzlich ein auffallendes Interesse für alle Fragen der Staatsverwaltung, und da es nicht schwer war, einzusehen, daß die Privilegien der ersten beiden Stände die Hauptschuld an dem bedenklichen Stand der Staatsfinanzen trugen, da sie den Löwenanteil an den Staatseinnahmen einsteckten und fast gar nichts zu denselben beitrugen, wurde er jetzt energischer Oppositionsmann, der von den Privilegien nichts wissen wollte und nach Freiheit und Gleichheit begehrte.

Aber nicht bloß als Staatsgläubiger, auch als Handelsmann oder Industrieller mußte er Front machen gegen den Privilegienstaat.

Dadurch, daß die höheren Stellen in Armee und Flotte dem Adel vorbehalten waren, der moralisch und physisch zusehends verkam, wurden Frankreichs Waffen immer ohnmächtiger. Der ganze Verlauf des 18. Jahrhunderts sah für Frankreich fast keinen Krieg, der nicht mit ungünstigen Handelsbedingungen und dem Verlust wertvoller Kolonien geschlossen hätte — so die

Friedensschlüsse von Utrecht (1718), Aachen (1748), Paris (1763), Versailles (1783). Eine glückliche auswärtige Politik war aber eine der wichtigsten Vorbedingungen für das Gedeihen des auswärtigen Handels.

Im Innern hemmten den Handel die alten feudalen Schranken. Einige Provinzen bildeten eigene Staaten für sich, in vielen Beziehungen mit eigenem Recht, eigener Verwaltung, durch Zollschranken von den anderen Reichsteilen getrennt. Dazu kamen die Gefälle und Marktgerechtigkeiten der Feudalherren, die Brücken- und Straßenzölle usw., die den Verkehr im Innern fast erdrückten. Die Waren, die von Japan oder China nach Frankreich kamen, wurden durch den Transport über weite, stürmische Meere, die von Piraten wimmelten, bloß um das Drei- bis Vierfache verteuert. Ein Quantum Wein, das vom Orleanais nach der Normandie transportiert wurde, verteuerte sich um mindestens das Zwanzigfache infolge der vielen Abgaben, die die Ware unterwegs zu leisten hatte.* Gerade der Handel mit Wein, einer der wichtigsten Handelszweige Frankreichs, war besonders belastet und erschwert. So hatten zum Beispiel die Weinbergbesitzer des Distrikts von Bordeaux das Recht, den Verkauf jeden Weines in dieser Stadt zu verbieten, der nicht auf ihren Weinbergen gewachsen war. Den weinreichen Landschaften von Langueboc, Perigord, Agenois und Querci, deren Wasserstraßen unter den Mauern von Bordeaux zusammenflossen, wurde auf diese Weise zugunsten der Weinbergbesitzer von Bordeaux der Absatz ihrer Produkte geradezu versperrt.

Dabei waren die Kommunikation elend. Dafür hatte man kein Geld, und Arbeiten, zu denen die Wegbaufronen der Bauern nicht ausreichten, wurden nicht ausgeführt.

Sollte der Handel einen kräftigen Aufschwung nehmen, dann mußten die Privilegien des Adels fallen, Armee und Flotte mußten reformiert, der Partikularismus der Provinzen gebrochen und die Zölle, die Krone und Feudalherren im Innern des Landes erhoben, beseitigt werden; mit einem Worte, die Interessen des Handels erforderten „Freiheit und Gleichheit".

Jedoch nicht alle Kaufleute huldigten dieser Parole.

Eine Lieblingsmethode des vorrevolutionären Königtums, sich

____

* Louis Blanc, Histoire de la Révolution, III. Band, Kapitel. (S. 156 in der Brüsseler Ausgabe von 1847).

Geld zu verschaffen, bestand darin, daß es einen Gewerbs= oder Handelszweig monopolisierte und das Monopol an einige wenige Begünstigte verkaufte, oder den Ertrag der monopolistischen Aus= beutung des Publikums mit ihnen teilte.

Am einträglichsten waren die Monopole der großen Handels= gesellschaften nach überseeischen Ländern. Daneben bestanden aber noch andere Handelsmonopole gewisser, zum Teil zünftig organi= sierter Korporationen in den einzelnen Städten. Eine solche geschlossene Körperschaft, die noch die Turgotschen Reformen über= lebte, war zum Beispiel die Weinhändlerzunft von Paris.

Daß die in dieser Weise Privilegierten, obgleich sie zum dritten Stand gehörten, doch am alten Privilegienstaat festhielten, ist kein Wunder.

Auch die Abschließung der einzelnen Provinzen voneinander war nicht allen Kapitalisten zuwider. Die Hemmnisse des Ge= treidehandels zwischen verschiedenen Provinzen, namentlich das Verbot der Ausfuhr von Getreide aus einer Provinz in die andere ohne besondere Erlaubnis, die nicht leicht zu erlangen war, hin= derten die Zufuhren aus Gegenden mit guter Ernte in solche, in denen das Getreide mißraten war, und wurden mächtige Hebel der Getreidespekulation, die oft ungeheure Dimensionen an= nahm und eines der wirksamsten Mittel war, das Volk auszu= beuten. Wie heute die Schutzzölle die Bildung von Kartellen er= leichtern, so erleichterten die Hindernisse des Getreidehandels im Innern die Bildung von Aufkaufgesellschaften, von Verschwörungen zur Herbeiführung von Hungersnot (pacte de famine). An der Spitze dieser Verschwörer stand mitunter der Monarch* und machte aus dem Kornwucher eine seiner besten Einnahmequellen. Daß ein solcher allerchristlichster König ebensowenig als seine Kom= pagnons, die beschnittenen und unbeschnittenen Kornjuden, etwas von der Freigebung des Getreidehandels wissen wollte, ist klar.

Wie der Handel, war auch die Industrie durch das alte Regime eingeschnürt. Nicht, als ob es diese hätte unterdrücken wollen; im Gegenteil, es brachte ihr das höchste Wohlwollen entgegen. Eine blühende kapitalistische Industrie galt für eine der größten Reichtumsquellen des Staates, die in jeder Weise unterstützt werden müsse. Da das zünftige Handwerkertum die

---

* Ludwig XV. war Hauptaktionär der Aufkaufgesellschaft Malisset. In den Verzeichnissen seines Hofstaates findet sich ein eigener Schatzmeister für „Getreidespekulationen Seiner Majestät".

kapitalistische Industrie, deren Konkurrenz ihm unbequem war, möglichst schikanierte und hinderte, nahmen die Könige sie unter ihre besondere Obhut. Freilich, die Zünfte aufzuheben und so dieses Hemmnis radikal zu beseitigen, kam ihnen nicht in den Sinn; sie hätten dadurch eine ergiebige Geldquelle verloren, wie wir noch sehen werden. Aber sie erteilten den Manufakturen Freibriefe, die für diese die Geltung der zünftigen und feudalen Hemmnisse und Abgaben aufhoben. Eine Manufaktur, die ein solches Privilegium erhalten hatte, führte den Titel „Königliche Manufaktur". Das Königtum ging noch weiter. Um es zu er= reichen, daß die Manufakturen möglichst vollkommene Produkte lieferten, wurden die Unternehmer mit den besten Arbeitsmethoden bekannt gemacht und ihnen deren Annahme durch besondere Regle= ments vorgeschrieben.

Für die Manufaktur in der Kindheit mochten diese Maß= regeln von Vorteil sein; anders aber gestaltete sich die Sache, als die kapitalistische Industrie in der zweiten Hälfte des acht= zehnten Jahrhunderts sich rascher zu entwickeln begann und eine höhere Stufe erklomm. Daß nur ein königliches Privilegium gegen die Schikanen und Prozesse der zünftigen Handwerker schützte, wurde zu einer höchst lästigen Fessel, die manche Neu= anlage hinderte. Vollends unerträglich aber wurden die Regle= ments. Aus Mitteln, die besten Arbeitsmethoden zu verbreiten, wurden sie jetzt Mittel, die schlechtesten künstlich aufrechtzuhalten. Von den sechziger Jahren des 18. Jahrhunderts an begann jene technische Revolution, die an Stelle der Manufaktur die Fabrik setzen und die moderne Großindustrie schaffen sollte. Ehedem hatten in der Manufaktur die einzelnen Arbeitsmethoden und Arbeitswerkzeuge sich nur äußerst langsam verändert. Jetzt jagte eine Erfindung die andere und bürgerte sich rasch in England ein. Wollten die Franzosen der englischen Konkurrenz gewachsen sein, dann mußten sie ihre Verbesserungen ebenso rasch annehmen. Die Beseitigung der Zunftschranken und der bureaukratischen Regle= ments war jetzt nicht bloß eine Sache des Profits, sie wurde immer mehr eine Lebensfrage für die kapitalistische Industrie. Aber vergebens versuchte Turgot das eine wie das andere 1776. Die Privilegierten wußten, daß die Reform dabei nicht stehen bleiben könne. Sie stürzten ihn und machten sein Werk un= geschehen. Es bedurfte der Revolution, die Schranken der Groß= industrie niederzureißen.

Trotzdem hatte ein keineswegs geringer Teil der industriellen Kapitalisten ein Interesse an der Erhaltung des Privilegienstaats. Wie der Handel diente auch die kapitalistische Industrie in ihren Anfängen vorwiegend den Bedürfnissen des Luxus; zum Teil, weil ihr der innere Markt noch fehlte und der Bauer die Industrieprodukte noch selbst erzeugte, deren er bedurfte, zum Teil auch, weil sie eine vom Königtum gepflegte, höfische Industrie war. Die wichtigsten Manufakturen Frankreichs dienten der Erzeugung von Seidenstoffen, Samt, Spitzen, Teppichen, Porzellan, Puder, Papier (vor hundert Jahren noch ein Luxusartikel) und dergleichen. Ihre besten Kunden fanden diese Unternehmungen in den Kreisen des höfischen Adels, in den Kreisen der Privilegierten. Deren Einnahmen beschneiden, hieß, die Existenz einer Anzahl industrieller Kapitalisten erschüttern. Die Revolution fand demnach bei diesen keineswegs eine ungeteilte sympathische Aufnahme.

Es ist bezeichnend, daß, als die Gegenrevolution 1793 sich in Waffen erhob, an ihrer Spitze neben einem der zurückgebliebensten Bezirke Frankreichs, in dem die Feudalwirtschaft noch in voller Kraft blühte, der Vendée, die industriellste Stadt des Reiches stand, das durch seine Seidenindustrie und Goldstickerei hochberühmte Lyon. Bereits 1790 war dort ein von Priestern und Adeligen geleiteter Aufstandsversuch gemacht worden; und lange ist Lyon ein Hort des Legitimismus und Katholizismus geblieben. Und als 1795 die Herrschaft der Jakobiner gebrochen wurde, machte die Bourgeoisie von Paris aus ihren royalistischen, antirepublikanischen Sympathien kein Hehl. Wenn es nach ihr gegangen wäre, hätte sich damals schon die Wiederherstellung der legitimen Monarchie und die Rückkehr der aristokratischen Emigranten vollzogen.

——— —

VII.

Die Intelligenz.

Eine wichtige Kategorie der Bourgeoisie ist noch zu erwähnen, die der bürgerlichen Intelligenz. Die kapitalistische Produktionsweise hat die Funktionen, die im Handwerk vereint waren, zerrissen und zwei verschiedenen Kategorien von Arbeitern zugeteilt, den Handarbeitern und den Kopfarbeitern; sie hat ferner die Arbeitsteilung in der Gesellschaft, die sie vorfand, unendlich erweitern und eine Reihe von Berufen geschaffen, denen bloß ein= seitige Kopfarbeit obliegt.

Der wissenschaftlich gebildete Techniker hatte im achtzehnten Jahrhundert allerdings in der Industrie noch nicht viel zu schaffen; die Anwendung der wissenschaftlichen Mechanik und Chemie in der Industrie war am Ende des Jahrhunderts erst im Werden begriffen. Im Verkehrswesen aber stellte die neue Produktions= weise bereits dem Techniker große Aufgaben; er hatte Schiffe, Brücken, Straßen, Kanäle zu bauen; ebenso wichtig für die Ent= wicklung seiner Kunst war freilich das Kriegswesen.

Die zunehmende Zusammendrängung der Bevölkerung in den Städten im Verein mit der wachsenden Proletarisierung großer Volksschichten erzeugte Siechtum und verheerende Epidemien und vermehrte das Bedürfnis nach Aerzten. Das Anwachsen der Bourgeoisie, der Zuzug des Adels vom Lande nach der Hauptstadt vermehrte aber auch die Zahl derjenigen, die einen Arzt bezahlen konnten.

Wie das Bedürfnis nach Juristen entstand und wuchs, haben wir bereits im 4. Kapitel gesehen.

Der neue, zentralisierte Staat, der an Stelle des losen Bundes feudaler Gemeinwesen trat, kam mit der von Adel und Kirche geübten Verwaltung nicht aus, sie wurde ihm geradezu hinderlich. An deren Stelle setzte er eine zentralisierte Bureaukratie, eine Kategorie von Leuten, die die Verwaltung nicht nebenbei, sondern ausschließlich, berufsmäßig betrieben.

Um alle diese Elemente heranzubilden, bedurfte es zahlreicher Schulen, zahlreicher Lehrer.

So entstand eine ausgedehnte Klasse von Existenzen, die sich hauptsächlich aus der Bourgeoisie rekrutierten, in ihr ihren Boden fanden, und die aus der Anwendung ihrer Intelligenz ihr Ein= kommen zogen, daher man diese Klasse auch kurzweg selbst die „Intelligenz" nennen kann, was natürlich weder besagt, daß alle ihre Mitglieder intelligent sind, noch, daß die Intelligenz aus= schließlich in ihr zu finden sei. Aus ihrer Mitte ragten Denker hervor, die sich's nicht zur Aufgabe stellten, ihr Wissen direkt der praktischen Anwendung dienstbar zu machen, sondern den Zusammen= hängen in der Natur und der Gesellschaft nachzuforschen und deren Gesetze bloßzulegen ohne Rücksicht darauf, ob sich daraus für das bürgerliche Leben ohne weiteres Nutzen ziehen ließ oder nicht, denen das Forschen Selbstzweck, nicht Mittel zum Zweck war.

Wie abstrakt indes die Theorien dieser Philosophen auch sein mochten, ihre persönlichen Bedürfnisse waren höchst konkreter Natur. Sie wollten leben, manche von ihnen sogar gut leben.

Bei den alten Griechen, namentlich den Athenern, war das Forschen nach Wahrheit, das Philosophieren, die vornehmste Beschäftigung der freien besitzenden Männer, ihr Vorrecht gewesen. Die Muße, auf Sklavenarbeit und andere Methoden der Ausbeutung begründet, diente der Wissenschaft und Kunst.

Aehnlich war es bei den alten Römern, doch waren diese aus gröberem Stoffe. Zu unvermittelt verwandelten sie sich aus rohen Bauern zu Herren der Welt, als daß nicht die Gier nach Ausbeutung und der Trieb nach sinnlosem Schwelgen und lächerlichem Prahlen bei der Mehrzahl der besitzenden Freien stärker zutage getreten wäre als der Wissensdrang und die Freude am Schönen.

Aber wie erging es erst der Wissenschaft und mit ihr der Kunst, als sie am Ende des Mittelalters wieder zu erwachen anfingen! Auf der einen Seite, abgesehen vom Hofadel, auf den wir gleich zu sprechen kommen, bäurisch plumpe Feudalherren und Pfaffen, die nur für die Genüsse gröberer Art ein Verständnis hatten, auf der anderen Seite ein Handelsstand, der, mit einigen Ausnahmen, über dem Kalkulieren und Spekulieren nach Profit jede Fähigkeit zu abstrakten Spekulationen um so mehr verlor, je erbitterter der Konkurrenzkampf sich gestaltete. Von den niederen, schwer arbeitenden Klassen war natürlich eine Anregung zu wissenschaftlichem Denken am allerwenigsten zu erwarten. Denen mangelte dazu alles, Vorbildung, Gelegenheit und Zeit.

Keine der herrschenden, besitzenden, genießenden Klassen hatte das Zeug, in ihrem Schoße Wissenschaft und Kunst zu entwickeln; das Denken und Dichten wurde der „Intelligenz" überlassen, Leuten, die darauf angewiesen waren, ihre Geisteskräfte ebenso auf den Markt zu tragen, wie der Lohnarbeiter die Kraft seiner Arme. Ein zahlungsfähiges Publikum fanden aber Philosophen und Künstler fast nur bei dem Hofadel. Dieser war über die Roheit des Landadels hinaus und hatte ein Verständnis für feinere Genüsse. Er hatte auch mehr Muße und Sorglosigkeit als der Kaufmann. Aber trotzdem wurde keiner der Höfe eine Akademie, eine Philosophenschule; die Höflinge wurden nicht zu Denkern und Forschern, sondern bloß zu „Gönnern" und Schutzpatronen von Künstlern und Philosophen; das war bequemer.

Mit der Roheit des Landjunkers hatte der Höfling auch dessen Energie verloren. Ausdauernde, zielbewußte Arbeit, welcher Art immer, war ihm ein Greuel; er wollte sich amüsieren, und Kunst und Wissenschaft sollten auch nur diesem Zwecke dienen. Die Höfe hielten sich wie Narren und Zwerge auch Künstler und Philosophen. Natürlich durfte die Beschäftigung mit der Philosophie keine große Geistesarbeit verursachen, diese mußte leicht, gefällig, witzig, amüsant vorgetragen werden.

Eine gesellschaftliche Theorie, die diese Bedingung nicht erfüllte, oder die gar dem Hofe feindlich war, hatte in Frankreich noch in den ersten Jahrzehnten des 18. Jahrhunderts keine Aussicht auf Beachtung. Ihre Ideen mochten noch so großartig sein, solange die gesellschaftlichen Bedingungen ihrer Aufnahme nicht günstig waren, konnten sie ebensowenig eine Wirksamkeit entfalten, als das beste Saatkorn aufgehen kann, das auf einen Stein fällt.

Die oppositionellen Tendenzen des dritten Standes hatten unter diesen Umständen nur wenig Gelegenheit, theoretischen Ausdruck zu finden. Am ehesten war dies noch möglich in bezug auf die Religion. Hofadel wie Bourgeoisie waren der von Rom abhängigen Kirche in gleichem Maße feind. Es ist jedoch charakteristisch, daß die erbittertsten Angriffe der Philosophen der Aufklärung in der ersten Hälfte des 18. Jahrhunderts nicht den verrottetsten, veraltetsten feudalen Formen der Kirche galten, sondern ihrer den modernen Verhältnissen am besten angepaßten Form. Durch die Macht abstrakter Ideen läßt sich das nicht erklären, wohl aber durch die der Klasseninteressen. Die alte, feudale, auf dem Grundbesitz beruhende Organisation der Kirche war in Frankreich längst „national" geworden. Nicht mehr der Papst, sondern der König ernannte ihre Würdenträger, verlieh ihre Pfründen, und zwar fast ausschließlich an Mitglieder des Adels, wie wir gesehen. Das ließ sich dieser gern gefallen, so sehr er der Religion spottete; Angriffe, welche den Interessen der Kirche unangenehm werden konnten, duldete er nicht.

Es gab aber eine kirchliche Organisation, die nicht in den Händen des Königs war, sondern des Papstes. Dieser, ein Ausländer, verfügte über ihre reichen Einkünfte, und nicht bloß Franzosen kamen sie zugute, sondern auch Italienern, Spaniern, Deutschen usw., denn der Orden war international. Und diese Einkünfte dienten nicht dazu, die Privilegierten zu versorgen, denn er kannte in seiner Mitte keine Standesunterschiede und ließ seine

Mitglieder auf der Stufenleiter der Würden bloß nach Maßgabe ihrer Leistungen aufsteigen.

Ebenso verhaßt wie dem Adel war dieser Orden aber auch der Bourgeoisie, als deren mächtigster Konkurrent er sich darstellte. Er war es, der alle Mittel des modernen Gelderwerbs in den Dienst der Kirche stellte und um so leichter jeder Konkurrenz spotten und riesige Vermögen ansammeln konnte, als er überall in der Welt, bis nach China und Japan, nach Mexiko und Peru seine Missionäre, Agenten und Spione hatte, soweit nicht protestantische Konkurrenz ihnen das Handwerk legte. Er verstand es, nicht bloß in Europa Geschäfte zu machen, sondern auch die Ausbeutung der Kolonien in ein System zu bringen, und er war die erste europäische Macht, die es erreichte, aus den Kolonien nicht bloß durch Plünderung, Handel und Plantagenwirtschaft, sondern auch durch Anwendung der Eingeborenen bei industriellen Unternehmungen, Zuckerfabriken usw. Nutzen zu ziehen. Diese Leute, die sich so gut aufs Geschäft verstanden, die, schlau und rücksichtslos, zäh zusammenhingen wie die Kletten, diese vaterlandslosen Gesellen, deren Konkurrenz der katholische Bourgeois überall traf oder zu treffen meinte, wo es etwas zu verdienen gab, und die er daher ebenso haßte, wie er sie abergläubisch fürchtete, waren nicht etwa die Juden, wie ein moderner „Arier“ oder „Christ“ nach dieser Schilderung annehmen dürfte, sondern die Jesuiten. Ihnen, dem gemeinsamen Feind von Bourgeoisie und Hofadel, galten die schärfsten Angriffe der Aufklärungsphilosophie, die schärfsten Angriffe der Höfe selbst und ihrer Polizei.

Durch die Jesuitenhetzen wurden jedoch die ökonomischen Mißstände im 18. Jahrhundert ebensowenig beseitigt wie heutzutage durch die Judenhetzen. Immer drückender belasteten diese Mißstände die Masse der Nation, wie wir gesehen, und immer offener stellte es sich heraus, daß der Hof die Stütze aller Mißbräuche, aller Hindernisse der Entwicklung, daß er der Hauptausbeuter selbst sei.

Und gleichzeitig damit lösten sich die Bande, welche die Mehrheit der Denker und Forscher von den Höfen abhängig gemacht hatten. Die Masse der „Intelligenz“ war gewachsen, in der Bourgeoisie das Interesse an den staatlichen Verhältnissen erwacht. Politische und ökonomische Bücher wurden eine verkäufliche Ware, und neben dem Büchermarkt erstand die Journalistik. Der bürgerliche Philosoph und Literat war nicht mehr auf Pensionen und Geschenke des Hofes angewiesen, er fand jetzt einen, wenn auch mitunter dürftigen Lebensunterhalt als Vertreter der Interessen der Bourgeoisie. Von da an, in der zweiten Hälfte des 18. Jahrhunderts, war es möglich, daß Theorien sich entwickelten und zur Geltung kamen, die vom Hof nicht bloß unabhängig, sondern ihm direkt feindlich waren.

Selbst kapitalistenfeindliche Theorien begannen Anklang zu finden. So zahlreiche Kapitalistenkategorien zogen ja offenkundig aus der höfischen Verschwendung Vorteil, nahmen teil an der Ausbeutung des Staates, daß sie den Bestrebungen zur Beseitigung der Mißstände feindlich entgegenstanden. Immer deutlicher wurde es, daß nur die Bauern und die „kleinen Leute" in der Stadt, das „Volk", der Hebel sein könnten, der Herrschaft des Hofes und der Privilegien ein Ende zu machen, unter der sie selbst am meisten litten.

Immer volksfreundlicher äußerten sich die bürgerlichen Denker, die nicht mehr „Philosophen" waren, sondern Oekonomisten und Politiker, immer feindlicher nicht bloß gegen Pfaffen und Adel, sondern gegen die „Reichen" überhaupt. Trotzdem fanden die Ansätze sozialistischer Kritik, die in der zweiten Hälfte des 18. Jahrhunderts auftauchten, nur wenig Anklang und kein Verständnis. Die Theorien, die zur Geltung kamen, vor allem die J. J. Rousseaus, waren keineswegs kommunistisch, wenn sie auch dem oberflächlichen Beschauer so erscheinen können. Das Bedürfnis der Zeit war die Beseitigung der feudalen Schranken, die der Entwicklung der Warenproduktion im Wege standen, und die bürgerliche Intelligenz hatte eine zu gute Einsicht in die tatsächlichen Verhältnisse, um das zu verkennen und sich einem damals noch aussichtslosen Sozialismus hinzugeben. Die bürgerliche Intelligenz konnte sich aber auch, bei aller Sympathie mit den ausgebeuteten, leidenden Klassen, über den Gesichtskreis der Bourgeoisie nicht erheben, der sie selbst angehörte durch ihre Familienbeziehungen, ihre gesellschaftliche Stellung, ihre Existenzbedingungen. Indes war sie nicht eingeengt von den Augenblicks- und Sonderinteressen der einzelnen Kapitalistenkliquen, welche diese hinderten, die dauernden Klasseninteressen der gesamten Kapitalistenklasse, die Bedürfnisse der Entwicklung der kapitalistischen Produktionsweise zu erkennen und auf deren Befriedigung hinzuarbeiten, die so manchen Kapitalisten zu einem Anhänger des feudalen Regimes, die fast alle Kapitalisten mißtrauisch gegen Neuerungen machten.

Die Intelligenz war erhaben über die Borniertheit des geschäftlich interessierten Bourgeois; ihr Beruf brachte es mit sich, zu generalisieren und logisch zu entwickeln, er brachte ihr eine umfassende Kenntnis der gesellschaftlichen und politischen Verhältnisse der Vergangenheit und Gegenwart: so ist es die Intelligenz gewesen, die die dauernden Klasseninteressen der Bourgeoisie erkannte, die damals zusammenfielen mit den Bedürfnissen der ökonomischen Entwicklung; die Intelligenz ist es gewesen, die sie vertrat nicht bloß gegenüber dem Hof, den Aristokraten und Pfaffen, mitunter auch gegenüber Bauern, Kleinbürgern und Proletariern, sondern sogar gegenüber manchen Kapitalistenkliquen selbst, wenn deren Augenblicksinteressen in Widerspruch kamen zu den dauernden Interessen der gesamten Klasse. Nicht von persönlichen, nicht von momentanen Interessen bewegt, handelnd auf Grundlage einer durch langjährige Gedankenarbeit gewonnenen tiefen Einsicht in die gesellschaftlichen Zusammenhänge, erschienen die Männer der bürgerlichen Intelligenz nicht als Vertreter von materiellen Interessen, sonder von bloßen Prinzipien, von reinen Ideen, als „Doktrinäre" gegenüber den kapitalistischen „Praktikern", die, stolz auf ihre Ignoranz, den Staat nur ihren jeweiligen Unternehmungen dienstbar machen wollten.

Die bürgerliche Intelligenz war noch nicht so weit, daß sie, statt vom Staatsmann die Unterwerfung unter die Theorie zu fordern, die Theorien den jeweiligen Wünschen und Launen der „praktischen Staatsmänner" angepaßt hätte. Und sie bekam in Frankreich durch die Revolution auch die Macht, ihren Theorien Geltung zu verschaffen. Nach dem Sturz des Hofadels und der mit ihm verbündeten hohen Finanz gab es in Frankreich nur eine Klasse, die regierungsfähig gewesen wäre, die bürgerliche Intelligenz. Selbst heute noch, wo in den meisten konstitutionellen Ländern weite Volkskreise, vor allem die städtische Arbeiterschaft, durch ihre politische Tätigkeit mit den Bedürfnissen und Aufgaben der Gesetzgebung und Verwaltung eines modernen Großstaates und der parlamentarischen Behandlung der Geschäfte vertraut worden, überwiegt in den Parlamenten immer noch die bürgerliche Intelligenz. Um wie viel mehr mußte dies vor hundert Jahren in Frankreich der Fall sein, in dem seit Jahrhunderten jede politische Regung erstickt worden war!

Selbst die Kleinbürger von Paris wählten nicht ihresgleichen, sondern Juristen, Journalisten und dergleichen zu ihren Vertretern.

So kam die bürgerliche Intelligenz in den Besitz der Staats=
gewalt und machte diese ihren Theorien, das heißt den Klassen=
interessen der Bourgeoisie dienstbar. Und da ihre Tendenzen am
meisten den Bedürfnissen der notwendig gewordenen Entwicklung
entsprachen, fielen sie am nächsten mit den wirklichen Tendenzen
der Revolution zusammen. Auch ist sie in der Revolution am
meisten und vernehmbarsten zum Wort gekommen und sind ihre
Aeußerungen in Reden, Büchern uud Zeitungen am besten erhalten.
Kein Wunder, daß die Ideologen, die nach dem oberflächlichen
Schein urteilen, zur Ansicht kommen, die Denker und ihre Ideen
hätten die Revolution gemacht und geleitet.

Kein Zweifel, die bürgerliche Intelligenz zählt zu den Klassen,
die der französischen Revolution in hervorragendem Maße ihr Ge=
präge aufgedrückt haben. Soweit diese sich durch Staatsverwaltung
und Gesetzgebung vollzog, ist sie ihr Werk. Nur darf man nicht
glauben, die Revolution sei ausschließlich durch Ministerdekrete
und parlamentarische Beschlüsse gemacht worden. Gerade in den
wichtigsten Momenten erfolgte die Initiative wie die Entscheidung
durch Erhebungen des Volkes, namentlich der Pariser Vorstädter
und der Bauern; die bedeutendsten Beschlüsse der verschiedenen
Nationalversammlungen, der Konstituante, der Legislative, des
Konvents, bestätigten nur, was das Volk bereits getan; in den
revolutionären Kämpfen zeigten sich diese Versammlungen halt=
los, Direktiven vom Volk empfangend, nicht sie ihm gebend.

Nicht in den Ereignissen der Revolution offenbarte sich die
Bedeutung und Einwirkung der Intelligenz, sondern in Leistungen,
die die Revolution überdauerten. Nicht sie hatte die Bastille ge=
stürmt, die feudalen Lasten weggefegt, das neue Frankreich vom
innern und äußern Feind gesäubert. Wohl aber hat sie Frank=
reich die Grundlagen gegeben, auf denen seine staatliche Organi=
sation bis heute ruht, und ein bürgerliches Recht geschaffen, das
jetzt noch das beste, den modernen Verhältnissen entsprechendste
ist. Freilich hat es ein glücklicher General annektiert wie manches
andere und seinen Zwecken dienstbar gemacht; der Code civil
wurde zum Code Napoléon. Nichtsbestoweniger ist dies Recht
eine Schöpfung der revolutionären Intelligenz im Konvent.

VIII.

Die Sansculotten.

Zum dritten Stand gehörten auch die Handwerker. Die zünftige Organisation war längst verknöchert und zu einem Mittel geworden, die handwerksmäßige Produktion für einige wenige zu monopolisieren und das Meisterrecht zu einem Privilegium zu gestalten, das, je kleiner der Kreis derjenigen, denen es zuteil wurde, um so mehr die Ausbeutung der Gesellen und Konsumenten begünstigte. Das Aufsteigen eines Gesellen in den Meisterstand war fast unmöglich, wenn er nicht der Sohn oder Schwiegersohn eines Meisters war oder eine Meiserswitwe heiratete. Den anderen wurde die Erlangung des Meisterrechtes durch eine Reihe von Bedingungen nicht nur sehr erschwert, sondern in der Regel von vornherein unmöglich gemacht. Oft war die Zunft geradezu für eine geschlossene erklärt und die Zahl der Handwerksmeister, die sie enthalten durfte, ein für allemal festgesetzt.

Indes irrten sich die Herren zünftigen Meister, wenn sie glaubten, im absoluten Polizeistaate ihr Monopol auf eigene Faust festsetzen und behaupten zu können. Das alte Königtum hielt es für höchst unmoralisch, daß eine Clique das Volk vermöge eines Monopols ausbeute, ohne die Beute mit dem Herrscher zu teilen. Das Recht, Meisterbriefe zu erteilen — und zwar, was die Hauptsache war, gegen gute Bezahlung —, wurde für ein Vorrecht der Krone erklärt. Ebenso nahm diese das Recht in Anspruch, die Zunftbeamten zu ernennen. Wollten die Zünfte die Vorrechte für sich behalten, so mußten sie dieselben der Krone um schweres Geld abkaufen, und zwar nicht bloß ein für allemal, sondern zu wiederholten Malen, da die Krone sich gern ihrer Souveränitätsrechte gegenüber den Zünften erinnerte und sie geltend zu machen drohte, so oft sie Geld brauchte.

Die zünftigen Meister hatten natürlich ein großes Interesse an der Erhaltung des Privilegienstaates; sie, als die Schwächsten, wären die ersten Opfer einer Reformpolitik geworden. Ihnen galt in der Tat der erste Angriff des Reformers Turgot.

Im schroffsten Gegensatz zu ihnen standen ihre Gesellen. Die Gesellenschaft bildete nicht mehr ein bloßes Uebergangsstadium zur Meisterschaft, die Gesellen waren zu einer eigenen Klasse mit besonderen Interessen geworden. Aber doch fühlten sie sich nicht als Lohnproletarier im heutigen Sinn. Zu den zünftigen

Meistern standen sie in schroffstem Gegensatz, verlangten aber nichts weiter, als selbst Meister werden zu können, und fühlten sich eins mit den nichtzünftigen Meistern, einer zahlreichen und rasch anwachsenden Klasse.

Im Privilegienstaat genossen in manchen Städten verschiedene Oertlichkeiten das Privilegium, von der Herrschaft des Zunftzwanges ausgeschlossen zu sein. Dieser galt ja in der Regel bloß für die Städte, nicht für die Dörfer. Manche Dörfer, die in der Nähe einer großen, rasch anwachsenden Stadt lagen, zu Vorstädten wurden und mit der Stadt verschmolzen, mußten sich auch in der Folgezeit des Zunftzwanges zu erwehren. Als unter Ludwig XVI. das Elend unter den nichtzünftigen Handwerkern und die Opposition gegen die Zünfte wuchs, suchte die Regierung die Gemüter dadurch zu beruhigen, daß sie diese Privilegien der Vorstädte ausdehnte, manchen Oertlichkeiten auch neu erteilte. In Paris waren in dieser Beziehung besonders begünstigt die Faubourgs St. Antoine und du Temple.* Alle Gesellen, die selbständig werden wollten und keine Aussicht hatten, eine zünftige Meisterstellung zu erlangen, drängten sich in diesen Vorstädten zusammen. Eine Unzahl kleiner Meister vegetierte kümmerlich in diesen engen Bezirken, außerhalb deren sie ihre Produkte in der Stadt nicht verkaufen durften, und je mehr ihre Zahl und die Konkurrenz wuchs, die sie sich untereinander machten, desto unmutiger trugen sie die Schranken, die der Privilegienstaat ihnen auferlegte, desto erbitterter verglichen sie ihr Elend mit der protzenhaften Behäbigkeit der Zunftmeister in den benachbarten Stadtteilen.

In den vom Zunftzwang befreiten städtischen und stadtähnlichen Bezirken legten aber auch die Kapitalisten am liebsten ihre Manufakturen an, weil sie dort am leichtesten fanden, was sie brauchten, ein großes Angebot geschickter Hände, an deren Ausbeutung sie nichts hinderte. Neben einer Unzahl kleiner Meister und Gesellen finden wir daher in den fraglichen Vorstädten auch zahlreiche Lohnarbeiter der kapitalistischen Industrie, die sich zum Teil aus den handwerksmäßigen Arbeitern rekrutierten, zum Teil aus der Landbevölkerung. Neben den gelernten Arbeitern verwendete die kapitalistische Industrie auch schon immer mehr Ungelernte, Taglöhner usw.

-----

* Vergl. darüber unter anderen Tocqueville, L'ancien Régime et la Révolution. Paris 1859. S. 139.

Hand in Hand mit diesen Elementen gingen andere, die sich teils aus ihnen rekrutierten, teils von ihnen lebten und ihre Interessen teilten, Kleinhändler, Wirte usw.

Unter dieser Masse von Arbeitern und Kleinbürgern fand sich aber ein zahlreiches Lumpenproletariat, das immer mehr anwuchs und immer mehr in die Städte strömte, wo sich am leichtesten Gelegenheit zu ehrlichem wie unehrlichem Erwerb fand, vor allem nach Paris. Die Zahl der Bettler umfaßte den zwanzigsten Teil der Nation; 1777 gab man sie auf 1 200 000 an. In Paris machten sie über ein Sechstel der Bevölkerung aus, an 120 000.

Ein großer Teil dieses Lumpenproletariats war noch nicht völlig verkommen und zeigte sich noch eines moralischen Aufschwungs fähig, sobald ein Hoffnungsschimmer sich ihm zeigte. Voll Begeisterung stürzten diese Volksschichten sich in die revolutionäre Bewegung, die ihnen ein Ende ihrer Leiden verhieß. Daß auch nicht wenige schmutzige Elemente sich der Revolution zuwandten, bloß um im trüben zu fischen und ihre Sache bei jeder Gelegenheit zu verkaufen und zu verraten, ist naheliegend. Lächerlich aber ist es, diese verlumpten Existenzen zu Typen der ganzen aus Kleinbürgern und Proletariern bestehenden Masse hinzustellen.

So bunt zusammengewürfelt diese war, sie war doch bis zu einem gewissen Grade einheitlich, eine wirkliche revolutionäre Masse. Es durchdrang sie ein intensiver Haß, nicht bloß gegen die Privilegierten, die Zunftmeister, die Pfaffen, die Aristokraten, sondern auch gegen die Bourgeoisie, die sie teils ausbeutete als Steuerpächter, Getreidespekulant, Wucherer, Unternehmer usw., teils ihnen Konkurrenz machte, die jeden von ihnen in der einen oder anderen Form mißhandelte. Trotz dieses Hasses und der drastischen Art und Weise, in der sie ihm mitunter Ausdruck gaben, waren diese revolutionären Elemente doch keine Sozialisten. Das Proletariat als selbstbewußte Klasse bestand vor der Revolution noch nicht. Es lebte noch ganz im Ideengang des Kleinbürgertums; dessen Ziele und Forderungen lagen aber auf dem Boden der Warenproduktion.

Es führt zu einer ganz falschen Auffassung, wenn man diese Elemente den modernen Lohnarbeitern der Großindustrie gleichstellt und ihnen deren Tendenzen unterschiebt; es führt zu einer ganz falschen Auffassung nicht bloß dieser Elemente, die man unter dem Namen der „Sansculotten"* zusammenfaßt, sondern der ganzen Revolution, auf deren Gestaltung sie so großen Einfluß genommen haben.

Die Bourgeoisie bildete, wie wir gesehen, keineswegs eine geschlossene revolutionäre Masse. Verschiedene ihrer Fraktionen waren durch Augenblicksvorteile an der Erhaltung des Privilegien= staates direkt interessiert; andere standen der Revolution miß= trauisch und kühl gegenüber, wieder anderen, die mit ihr sympathi= sierten, fehlten Mut und Kraft. Es wäre dem revolutionären Teil der Bourgeoisie nicht möglich geworden, sich ohne Bundesgenossen seiner Gegner zu erwehren, vor allem des Hofes, der zum min= besten auf einen Teil der Armee unbedingt rechnen konnte, auf diejenigen französischen Regimenter, die aus reaktionären Provinzen sich rekrutierten und auf die aus angeworbenen Deutschen und Schweizern bestehenden Regimenter; der endlich mit dem Ausland sich verband und im Innern den Bürgerkrieg schürte. Um mit diesen Elementen der Gegenrevolution fertig zu werden, dazu be= durfte es anderer Leute als der Bourgeoisie, Leute, die bei einer Umwälzung nichts riskierten, die keine Rücksichten auf hohe Kund= schaften nehmen mußten, die kräftige Arme zum Dreinschlagen hatten; dazu bedurfte es vor allem großer Massen. In den Bauern, den Kleinbürgern und Proletariern fand der revolutionäre Teil der Bourgeoisie die Stütze, ohne die er unterlegen wäre. Aber die Bauern und auch die Kleinbürger und Proletarier in den Provinzstädten waren zu zerstreut, zu wenig organisiert, zu entfernt von Paris, wo die politischen Bewegungen sich konzen= trierten, um bei plötzlichen Entscheidungen eingreifen zu können.

Die Zentren der Revolution wurden die Vorstädte der Haupt= stadt, in denen die Politik des Privilegienstaates selbst in unmittel= barster Nähe des Sitzes der Zentralregierung die tatkräftigsten und rücksichtslosten Elemente des Landes zusammengedrängt hatte, die nichts zu verlieren, alles zu gewinnen hatten.

Sie waren es, welche die Nationalversammlung vor den An= griffen des Hofes schützten, die durch die Erstürmung der Bastille am 14. Juli 1789 nicht bloß diese Festung eroberten, die die revolutionäre Vorstadt St. Antoine mit ihren Kanonen bedrohte,

----

* Zu deutsch nicht „Ohnehosen", sondern „ohne Kniehosen" (culottes), die zur Kleidung der vornehmen Stände gehörten. Die Volksschichten, aus denen die Sansculotten sich rekrutierten, trugen lange Hosen (pantalons), wie man sie heute trägt.

sondern auch einen Versuch des Hofes zur Gegenrevolution im Keim erstickten und das Signal zur Erhebung der Bauern im ganzen Lande gaben. Sie waren es, die einem zweiten Versuch des Hofes, die Revolution mit Hilfe des treugebliebenen Teils der Armee niederzuschlagen, dadurch zuvorkamen, daß sie den König tatsächlich gefangen nahmen und nach Paris unter ihre Obhut brachten (5./6. Oktober 1789).

Aber bald wurden die Sansculotten aus den Alliierten der Bourgeoisie ihre Herren. Ihr Ansehen, ihre Macht, ihre Reife, ihr Selbstbewußtsein stieg mit jedem Schlage, der gegen die Revolution geführt wurde und den nur ihr rechtzeitiges, kraftvolles Eintreten abwehrte. Je gefährlicher die Situation für die Revolution, desto größer die Notwendigkeit der revolutionären Vorstädter, desto ausschließlicher ihre Herrschaft. Ihren Höhepunkt erlangte sie, als die koalierten Monarchen Europas in Frankreich eindrangen, indes gleichzeitig die Gegenrevolution im Innern in verschiedenen Provinzen ihr Haupt erhob und die Regierung und die Armeeleitung selbst zeitweise mit dem Feinde konspirierten. Nicht die Legislative, nicht der Konvent haben damals die Revolution gerettet, sondern die Sansculotten. Sie eroberten den Jakobinerklub und gewannen damit eine über ganz Frankreich verzweigte, von Paris aus dirigierte Organisation. Sie eroberten die Gemeindevertretung von Paris und gewannen damit die unumschränkte Verfügung über die ungeheuren Machtmittel dieser Stadt; und durch den Jakobinerklub und die Kommune, und wo diese nicht ausreichten, durch die Insurrektion beherrschten sie den Konvent, beherrschten sie die Regierung, beherrschten sie Frankreich: im Kriege, in einer verzweifelten Situation, von allen Seiten von Gefahren umringt, mit Vernichtung bedroht, übten sie das Kriegsrecht auf das schonungsloseste, setzten sie dem Uebermaß von Gefahr ein Uebermaß von Kraft entgegen, erstickten sie nicht bloß jeden Widerstand, jeden Verrat, sondern schon jede Möglichkeit eines Widerstandes, eines Verrats, im Blute der Verdächtigen.

Aber der Terrorismus war nicht allein Kriegswaffe, den schleichenden Feind im Innern zu entnerven und einzuschüchtern, den Verteidigern der Revolution Zuversicht einzuflößen für den Kampf gegen den äußeren Feind.

Der Krieg hatte den Sansculotten zur Macht verholfen. Diese wollten aber Krieg führen für einen Staat, für eine Ge-

sellschaft nach ihrem Sinne. Die feudale Ausbeutung war be=
seitigt, nicht aber die kapitalistische Ausbeutung, die bereits im
Privilegienstaat aufgekommen. Ja, gerade durch Hinwegräumen
der feudalen Schranken hatte die kapitalistische Produktionsweise,
die kapitalistische Ausbeutung freie Bahn bekommen, sich rasch
zu entwickeln. Die verschiedenen Arten dieser Ausbeutung auf=
zuheben oder mindestens einzudämmen, vor allem die durch Handel,
Spekulation und Wucher, erschien bald den Sansculotten als
ebenso wichtig, wie die Bekämpfung derjenigen, die die feudale
Ausbeutung wieder aufrichten wollten. Die Grundlagen dieser
Ausbeutung zu beseitigen, war aber damals unmöglich, denn die
Bedingungen des Ueberganges zu einer neuen, höheren Produk=
tionsweise waren noch nicht gegeben.

Die Situation war demnach für die Sansculotten eine hoff=
nungslose. Die Verhältnisse hatten ihnen die Macht in die Hand
gespielt, aber die Möglichkeit versagt, dauernde Institutionen zu
ihrem eigenen Vorteil zu schaffen. Sie, denen die Machtmittel
von ganz Frankreich zu Gebot standen, konnten und wollten
sich aber auch nicht willenlos dem Elend unterwerfen, das die
rasch sich entwickelnde kapitalistische Wirtschaft über sie brachte,
und das der Krieg noch verstärkte; sie mußten es bekämpfen
durch gewaltsame Eingriffe in das wirtschaftliche Leben, durch
Requisitionen, durch Feststellung eines Maximums der Lebens=
mittelpreise, durch das Köpfen der Ausbeuter, der Spekulanten
und Börsenjobber, der Kornwucherer, der betrügerischen Lieferanten,
ohne ihrem Ziele näher zu kommen. Die Ausbeutung war wie
eine Hydra, je mehr Köpfe ihr abgeschlagen wurden, desto mehr
wuchsen ihr nach. Ihr zu begegnen, wurden die Sansculotten
immer weiter getrieben; sie mußten die Revolution in Permanenz
erklären und den Terrorismus, dessen Anwendung ihnen schon der
Kriegszustand aufgenötigt hatte, immer mehr verschärfen, je mehr
sie sich durch ihren Kampf gegen die Ausbeutung zu den Be=
dürfnissen der Produktionsweise, zu den Interessen der anderen
Klassen in Widerspruch setzten.

Als aber die Siege der französischen Armee über die Feinde
innen und außen die Republik sichergestellt hatten, hörte der
Schrecken auf, eine Notwendigkeit zur Rettung der Revolution zu
sein. Man empfand ihn nun immer unerträglicher als ein Hemmnis
des wirtschaftlichen Aufschwungs. Rasch erstarkten von da an die
Gegner der Sansculotten, indes diese, bereits dezimiert durch die

ewigen Kämpfe, ebenso rasch durch Desertionen und Erschlaffung an Kraft verloren. Je siegreicher die Waffen Frankreichs waren, desto mehr verloren die Sansculotten an Ansehen gegenüber der Armee und der Bourgeoisie, die nun emporkam und das Lumpenproletariat in ihre Dienste nahm. Sie verloren eine Position nach der anderen, bis sie schließlich zu völliger Bedeutungslosigkeit herabsanken.

Man hat ihren Niedergang, der mit dem Sturze Robespierres (am 9. Thermidor oder 27. Juli 1794) beginnt, nachdem ihm der Fall Heberts präludierte, und der am 4. Prairial (24. Mai 1795) besiegelt ward, ein Scheitern der Revolution genannt. Als ob ein historisches Ereignis, eine durch die Verhältnisse herbeigeführte Tatsache „scheitern" könnte! Ein von einzelnen geplantes Unternehmen, ein Putsch, eine Emeute kann scheitern, nicht aber eine Entwicklung, die erst dann zur Revolution wird, wenn sie vollzogen ist; eine gescheiterte Revolution ist eben keine Revolution. Eine Revolution kann ebensowenig scheitern als ein Sturm. Im Sturme scheitert freilich manches Schiff und in der Revolution manche Partei; man darf aber eine solche nicht mit der Revolution identifizieren, nicht dieser die Ziele unterschieben, die jene sich gesetzt hat.

Die Jakobiner und Vorstädter von Paris sind gescheitert, weil die Verhältnisse eine Revolution zugunsten der Kleinbürger und Proletarier nicht gestatteten, weil sie alles unhaltbar machten, was der kapitalistischen Revolution im Wege stand. Ihr Wirken war aber kein vergebliches. Sie sind es gewesen, die die bürgerliche Revolution retteten und den alten Feudalstaat in einer Weise wegfegten, wie das in keinem anderen Lande der Welt geschehen, die den Boden ebneten und vorbereiteten, auf dem unter dem Direktorium und der Napoleonischen Aera binnen wenigen Jahren mit zauberhafter Schnelligkeit eine neue Produktionsweise, eine neue Gesellschaft erwachsen sollte. Es ist eine kolossale Ironie, daß, was die Kapitalisten nie vermocht hätten, ihre erbittertsten Gegner wider Willen für sie getan haben.

Aber der Kampf der revolutionären Kleinbürger und Proletarier von Frankreich, namentlich von Paris, wenn er auch schließlich mit ihrer Niederlage endete, ist auch für sie nicht erfolglos gewesen. Die riesenhafte Kraft, die sie in ihm entfaltet, die großartige historische Rolle, die sie gespielt, haben ihnen ein Selbstbewußtsein und eine politische Reife verliehen, die sich nicht ohne weiteres verwischen ließen und die heute noch nachwirkten. Die jakobinischen Traditionen verbreiteten noch lange einen jugendlichen Schimmer um den bürgerlichen Radikalismus Frankreichs, so daß er bis in die letzte Zeit trotz seiner Greisenhaftigkeit immer noch mannhafter auftrat als seine Genossen in anderen kontinentalen Staaten. Anderseits aber halten die jakobinischen Traditionen heute noch einen, freilich allmählich schwindenden Bruchteil des Proletariats in ihrem Schlepptau.

Die blasse Furcht läßt unsere Historiker in jedem Jakobiner einen Kommunisten sehen. In Wahrheit war die jakobinische Tradition eines der mächtigsten Hindernisse, die in Frankreich dem Erstehen einer großen, einigen, selbständigen sozialdemokratischen Arbeiterpartei entgegenwirkten.

— —

IX.

Die Bauern.

Noch um eine Stufe tiefer als die nichtzünftigen Handwerker und Proletarier und die mit und von ihnen lebenden Existenzen standen die Bauern. Die ersteren lebten in den Städten, nicht unberührt von der geistigen Anregung, die sich dort bot, in engen Lokalitäten in Massen konzentriert, den Sitzen der Regierung nahe; ihre Vereinigung und ihre Intelligenz gaben ihnen doch einige Widerstandskraft, und die Nähe der Regierung die Möglichkeit, direkt auf sie einzuwirken. So arg man diese städtischen Elemente auch drückte, noch Aergeres durfte man sich straflos gegen die Bauern erlauben, die isoliert, zerstreut wohnend, jeder geistigen Anregung entbehrend, keine Mittel und Wege hatten, geschlossen gegen ihre Peiniger vorzugehen und ihren Beschwerden Gehör zu verschaffen.

Während Adel und Geistlichkeit, die staatliche und städtische Bureaukratie, fast jeder Wohlhabende, von den direkten Staatssteuern ganz oder teilweise befreit waren, lasteten sie um so schwerer auf dem Bauern. Es kam vor, daß ihr Betrag bis zu 70 Prozent seines Reineinkommens stieg; im Durchschnitt nahmen sie 50 Prozent desselben.

Zum Kriegsdienst wurde vorzugsweise der Bauer herangezogen, in der Miliz, zu der jährlich 60000 Mann ausgehoben wurden. Der Adel dagegen war nicht dienstpflichtig. Und doch hatte er die Unverschämtheit, seine Steuerfreiheit mit der Blutsteuer zu rechtfertigen, die er angeblich allein dem Vaterland darbrachte, die sich aber, soweit er überhaupt sie leistete, aus einer gefahrvollen und kostspieligen Pflicht zu einem profitablen Vorrecht zur Ausbeutung dieses Vaterlandes gestaltet hatte. Dem Vorwurf, es sei doch ungerecht, nur Bauern auszuheben, glaubte ein Verfechter dieser Maßregel damit zu begegnen, daß die Soldaten so elend behandelt und gehalten würden, daß nur ein Bauer das aushalten könne.

Der Bauer allein leistete die Wegbaufronden (corvées) zur Herstellung der Heerstraßen, auf ihm lasteten die Einquartierung und der Vorspanndienst bei Truppenbeförderungen.

Immer mehr stiegen die Lasten, die dem Bauer zur Erhaltung des modernen Staates auferlegt wurden; gleichzeitig blieben die Lasten der Feudalität bestehen, und sie waren nicht bloß Lasten, sondern wurden auch zu Schranken, die jede Verbesserung der Produktion hinderten, ja deren völligen Verfall herbeiführten.

Der Bauer durfte nicht anbauen, was er wollte; auf den altbekannten Feldfrüchten ruhte der Zehnte, nicht aber auf neueingeführten Pflanzen, zum Beispiel der Kartoffel oder dem Luzerner Klee. Die Kultur solcher Pflanzen war ihm daher vielfach verboten. Die Einführung eines verbesserten Verfahrens, etwa der Uebergang von der Dreifelderwirtschaft zur Fruchtwechselwirtschaft, wurde dadurch sehr erschwert. Die Reste der Markverfassung, namentlich der Flurzwang, hinderten freilich den landwirtschaftlichen Fortschritt in noch höherem Maße.

Jeden Augenblick, während der dringendsten Feldarbeiten, konnte der Bauer zum Frondienst abberufen werden. Hatte man auch die gutsherrlichen Fronden meist in Geldabgaben umgewandelt, so waren dafür die Wegbaufronden und Vorspanndienste, namentlich bei Truppentransporten, eine um so drückendere Last geworden.

Wuchsen die Feldfrüchte heran, dann war es dem Bauer fast unmöglich, sie vor dem Wilde, den Kaninchen und den Tauben der „gnädigen“ Herren zu sichern. Die Jagd war dem Adel vorbehalten; dieser hatte auch das Vorrecht, Kaninchen zu hegen und Taubenschläge zu halten, und er machte von diesen Vorrechten den ausgiebigsten Gebrauch: nicht er, sondern die Bauern hatten ja diese Tiere zu füttern, freilich sehr wider Willen, indem sie ihnen ihre Aecker preisgeben mußten. Mitunter waren die Bauern geradezu verpflichtet, nur solche Gewächse zu bauen, die das Wild

gern frißt. Die Wildhüter hatten das Recht, jeden niederzu=
schießen, der auch nur ein Kaninchen oder einen Hasen aus dem
Wege räumte. Taine findet es sonderbar, daß in dem Maße,
in dem „die Sitten sich milderten" und die „Aufklärung fort=
schritt", die Barbarei des Jagdwesens wuchs. Aber die Jagd
war für den Adel ebenso ein Mittel, die Bauern auszubeuten,
wie sich zu amüsieren, und in demselben Maße, in dem der Adel
überflüssiger wurde, wuchs seine Sucht nach Vergnügungen wie
sein Drang nach Ausbeutung. Die „Milderung der Sitten" galt
nur für den Verkehr der Herren untereinander und mit den Geld=
menschen. Man ließ das Wild immer mehr anwachsen, sogar
das schädlichste: im Clermontois wurden auf den Gütern des
Fürsten von Condé die jungen Wölfe sorgfältigst gehegt und
großgezogen, um im Winter freigelassen zu werden, worauf man
sie jagte. Daß sie die Schafe, mitunter auch Kinder der Bauern
fraßen, kümmerte die edlen Herren nichts, die in ihren Salons
so zierlich über Humanität zu geistreicheln wußten.

Der König war, wie der größte Grundbesitzer, so auch der
größte Jagdherr Frankreichs* und dadurch einer der größten Ver=
wüster des Landes. Namentlich in der Umgebung von Paris
wuchsen seine Jagdreviere und machten fast jede Bodenkultur un=
möglich. In den elf Revieren (Capitaineries) in der Nähe der
Hauptstadt richtete das Wild so viele Verwüstungen an wie „die
Einquartierung von elf feindlichen Kavallerieregimentern".** Lud=
wig XVI. hatte bekanntlich neben der Schlosserei nur eine Passion:
die Jagd. Den 14. Juli, den Tag des Bastillesturms, bezeichnete
er in seinem Tagebuch bloß mit dem schmerzlichen Ausruf: keine
Jagd!

Ein Reglement verbot 1762 im Bereich eines jeden könig=
lichen Jagdreviers die Einzäunung der Bauerngüter, wodurch das
Wild von Feldern und Gärten abgehalten werden konnte, und
das Betreten der Felder für jedermann, auch ihre Eigentümer,
in der Zeit vom 1. Mai bis 24. Juni, um die brütenden Reb=
hühner nicht zu stören. Mochte auch das Unkraut indessen über=
handnehmen!

------

* Seine Domänen umfaßten eine Million Morgen (arpents) Jagd=
forste, ohne die Wälder, die dem Betrieb von Salinen und anderen indu=
striellen Zwecken dienten.

** Taine, Les origines de la France contemporaine; l'ancien
régime, p. 74.

Noch 1789, als bereits die Empörung gegen das Feudal=
system im Gange war, wurden in einem einzigen Kanton des
königlichen Reviers von Fontainebleau 108 Schutzdickichte für
Hasen und Rebhühner trotz aller Proteste der betroffenen Bauern
neu gepflanzt.

Und Ludwig XVI. war, wie man behauptet, ein milder und
gütiger Herr. Wie wirtschafteten da erst die herzlosen Jagd=
herren!

Gelang es trotz aller dieser Hindernisse dem Bauer, eine
Ernte zu erzielen, so durfte er sie nicht ohne weiteres einheimsen.
Die geschnittenen Feldfrüchte mußten auf dem Felde liegen bleiben,
bis die Steuereinnehmer die Garben abgezählt hatten, um danach
den Betrag der Naturalleistungen zu bestimmen. Trat während=
dem schlechte Witterung ein, so ging die Ernte zugrunde.

Es stand aber dem Bauer keineswegs frei, den schließlich
eingeheimsten Ertrag seiner Ernte nach Belieben zu verwenden.
Er mußte seinen Wein in der gutsherrlichen Kelter keltern, sein
Getreide in der gutsherrlichen Mühle mahlen, sein Brot im guts=
herrlichen Ofen backen lassen. Eine Umgehung dieser Institutionen
war streng verboten. Nicht einmal eine Handmühle durfte der
Bauer besitzen, ohne das Recht dazu teuer erkauft zu haben.
Kelter, Mühle und Backofen des Feudalherrn waren verpachtet
und befanden sich, wie man sich denken kann, im erbärmlichsten
Zustand; sie bedienten saumselig und schlecht. Die Kunden waren
ja dem Pächter von „Gesetzes wegen“ sicher.

Wenn der Bauer bei all’ diesen Einrichtungen, ihn nicht bloß
auszubeuten, sondern auch den Ertrag seiner Arbeit zu einem
minimen zu gestalten, einen Ueberschuß erzielte, den er auf den
Markt bringen konnte, war er auch da gehindert. Seinen Wein
durfte er erst vier bis sechs Wochen nach der Weinlese verkaufen.
In dieser Zeit hatte der Grundherr das Monopol des Weinkaufs.
Die Landwege waren elend, die Durchfuhrzölle und Marktabgaben
hoch. Der Bauer durfte da froh sein, wenn er aus seinem Ueber=
schuß so viel erlöste, daß er auf die Transportkosten kam.

Wie selten konnte er aber von einem Ueberschuß sprechen!
Nicht genug mit all den „gesetzlichen“ Plackereien und Schindereien,
die wir nur andeuten konnten, deren Anführung eine unendlich
lange Liste werden würde (Wachsmuth zählt in seiner „Geschichte
Frankreichs im Revolutionszeitalter“ nicht weniger als 150 Be=
nennungen von feudalen Rechten auf, die in der Nacht vom

4. August 1789 ohne Entschädigung abgeschafft wurden), nicht genug an alledem, war der Bauer rechtlos den Beamten des Staates und des Grundherrn preisgegeben, die ihm nicht so viel nahmen, als sie durften, sondern als sie konnten. Nur der Anschein des jämmerlichsten Elends rettete den Bauer vor völliger Plünderung. Jämmerlich daher seine Wohnung, jämmerlich sein Vieh, seine Werkzeuge, seine Felder. Konnte der Bauer wirklich etwas erübrigen, dann behielt der Ueberschuß die Gestalt harter Taler, die man leicht den spähenden „Dienern des Gesetzes" verbergen konnte. Das Geld wurde höchstens hie und da zum Ankauf eines neuen Fetzen Landes benutzt, nicht zur Verbesserung des Betriebs. Jede Vermehrung des Bodenertrags hätte ja eine sofortige Erhöhung der Abgaben zur Folge gehabt.

Bei den meisten aber war die Kläglichkeit des Betriebs, der mit den primitivsten Mitteln vollzogen wurde, eine unausweichliche Notwendigkeit, nur wenigen gelang es, einen kleinen Schatz irgendwo vergraben zu halten. Der Boden, dem man keinen Dünger zuführte, wurde zusehends immer unfruchtbarer; die Mißernten folgten immer rascher aufeinander. Von Vorräten war natürlich keine Spur: brach eine Mißernte aus, dann war die furchtbarste Not die unausweichliche Folge. Vielen Bauern wurde in solchen Zeiten die Fortführung des Betriebs unmöglich. Sie verließen ihre Heimstätten, das Land veröbte zusehends. Schon 1750 gab Quesnay an, ein Viertel des pflugfähigen Bodens sei unangebaut; unmittelbar vor der französischen Revolution erklärte Artur Young, ein Drittel des Ackerlandes (mehr als neun Millionen Hektar) liege wüst! Der landwirtschaftlichen Gesellschaft von Rennes zufolge lagen zwei Dritteile der Bretagne brach.

Und während die Zahl der Bauern dahinschmolz, wuchs der Gesamtbetrag ihrer Abgaben rapid, die sich auf immer weniger Köpfe verteilten. Kein Wunder, daß schließlich aus manchen landwirtschaftlichen Bezirken die ganze Bevölkerung zu fliehen drohte. Aber wohin? Die Auswanderung ins Ausland war damals gerade für Bauern nahezu unmöglich; sie drängten sich in die Städte als Tagelöhner, fanden aber auch da wieder feudale Schranken, die des Zunftmonopols, die um so unerträglicher wurden, je mehr die Proletarisierung des Landvolks zunahm; sie überfüllten die vom Zunftzwang befreiten Vorstädte von Paris und trugen am meisten zum Anschwellen jener Menge bei, die dort dem Sansculottismus entgegenreifte.

Andere ließen sich zur Armee anwerben, nicht aus Begeisterung für die Sache der Privilegierten, die sie verfechten sollten, die Sache derjenigen, die sie ins Elend getrieben hatten und ihnen jeden Ausweg daraus verschlossen. Es bedurfte nur eines Anstoßes, daß sie sich gegen ihre Peiniger erhoben.

Die meisten der „Freigesetzten" aber versanken in das Lumpenproletariat, das rapid anwuchs, trotz der brutalen Strafen, die man gegen Bettler und Vagabunden anwandte. Damals wie heute bildeten sich die Machthaber ein, Besitzlosigkeit und Arbeitslosigkeit kuriere man durch das Mißhandeln der davon Betroffenen. Mochte auch eine Ordonnanz von 1764 das Betteln, ja bereits die Arbeitslosigkeit mit dreijähriger Galeerenarbeit bestrafen, 1777 zählte man doch 1200000 Bettler.* Wir wissen nicht, wie man zu dieser Zahl gekommen. Mag sie auf bloßer Schätzung beruhen, sie zeigt, wie furchtbar das Bettlerelend zutage trat.**

* Louis Blanc, a. a. O., I, S. 149.

** Vgl. Kap. VIII, S. 53. Ueber das Lumpenproletariat in Frankreich vor der Revolution teilt Karejew in seinem schon genannten Werk „Die Bauern usw." S. 211 bis 214 folgendes mit, wie wir der Uebersetzung einiger Stellen entnehmen, die uns, wie schon erwähnt, von F. Engels zur Verfügung gestellt wurden:

„Es ist bezeichnend, daß die Zahl der Verarmten am allergrößten war in denjenigen Provinzen, die für die fruchtbarsten galten; dies kam daher, daß es in diesen Gegenden nur sehr wenige grundbesitzende Bauern gab.

„Doch lassen wir die Zahlen sprechen: In Argentré (Bretagne) schlägt sich von 2300 Einwohnern, die nicht von Industrie und Handel leben, mehr als die Hälfte nur notdürftig durch, und mehr als 500 Leute sind zur Bettelarmut heruntergebracht. In Vainville (Artois) kommen auf 130 Familien 60 verarmte. Blicken wir auf die Normandie: In Saint Patrice leben von 1500 Einwohnern 400, in Saint Laurent von 500 Einwohnern drei Viertel von Almosen (Taine). Aus den Cahiers der Bailliage Douai erfahren wir, daß zum Beispiel in einem Dorf von 332 Familien die Hälfte von Almosen lebt (Pfarre Bouvignies); in einem zweiten sind auf 143 Familien 65 verarmt (Pfarre Air), und in einem dritten von 413 gegen hundert gänzlich am Bettelstab (Pfarre Landus) usw. In der Sénéchaussee von Puy en Velaye sind nach den Worten des Cahiers der dortigen Geistlichkeit von 120000 Einwohnern 58897 außerstande, irgend welche Steuern irgend welcher Art zu zahlen (Archives Parlamentaires de 1787 à 1860, Vol. V, S. 467). In den Dörfern des Bezirks Carhaix sah es folgendermaßen aus: Frerogan: 10 wohlhabende Familien, 10 verarmte, 10 bettelarm. Montref: 47 bemittelte Familien, 74 weniger gut gestellte, 64 Familien von Armen und Taglöhnern. Paule: 200 Wirtschaften, denen zumeist der Name von Bettlerquartieren zukommt (Archives Nationales, Bd. IV, S. 17). Das Cahier der Pfarre Marboeuf klagt, daß aus 500 Einwohnern derselben gegen

Männer mit kräftiger Faust und kühnem Charakter verachteten jedoch das demütige Betteln, das nur Fußtritte und Not eintrug. Sie rotteten sich zu bewaffneten Banden zusammen und nahmen gewaltsam, was sie brauchten. Das Räuberunwesen wurde zu einer unausrottbaren Landplage.

Aber auch in den Bauern, die ihr Eigentum oder feudaler Zwang noch an den Boden fesselte, erwachte immer mehr der Geist der Empörung und der Verzweiflung. Die Beamten des Staates und der Feudalherrschaft begegneten jeden Augenblick gewaltsamem Widerstand. Vereinzelt, unzusammenhängend, wurden diese Bauernrevolten in der Regel ohne Mühe unterdrückt. Aber es bedurfte nur eines Ereignisses in der führenden Hauptstadt, welches zeigte, daß der Entscheidungskampf gekommen, und der langverhaltene Grimm brach überall gleichzeitig, unwiderstehlich los, der latente Bürgerkrieg schlug in den offenen um. Dies Ereignis war der Bastillesturm, nachdem Mißernten, ein furchtbar strenger Winter und endlich die Wahlen zu den Generalständen die Gährung in den Gemütern bereits hochgradig gesteigert hatten.* Mit einem Schlage brach nun vor dem Ansturm der

100 Bettler sind (Boirin Champeaur, Notice historique sur la Révolution dans le Département de l'Eure, 1872, S. 83). Die Bauern des Dorfes Harville sagen, daß wegen Arbeitsmangel ein volles Drittel von ihnen in Bettelarmut sei (Requite des habitants de la Commune d'Harville, Archives Nationales).

„In den Städten stand es nicht besser. In Lyon waren 1787 30000 Arbeiter auf den Bettel angewiesen. In Paris fanden sich auf 680000 Einwohner 118784 Arme (Taine). In Rennes lebte ein Drittel der Einwohnerschaft von Almosen und ein anderes Drittel war in beständiger Gefahr, an den Bettelstab zu kommen (Du Chatelier, l'agriculture en Bretagne, Paris 1863, S. 178). Das jurassische Städtchen Courletaunier war so verarmt, daß, als die Konstituante den Wahlzensus einführte, unter 6518 Einwohnern nur 728 als aktive Bürger aufgeführt werden konnten (Sommier, Histoire de la révolution dans le Jura, Paris 1846, S. 33). Es ist begreiflich, daß zur Zeit der Revolution die von Almosen lebenden Leute nach Millionen zählten. So sagt eine klerikale Broschüre von 1791, daß es in Frankreich sechs Millionen Arme (indigents) gebe (Avis aux pauvres sur la révolution présente et sur les biens du clergé, S. 15), was doch etwas übertrieben. Aber die für das Jahr 1777 gegebene Zahl von 1200000 Bettlern ist vielleicht nicht unter der wirklichen (Duval, Cahiers de la Marche, Paris 1873, S 116).‟

* Hagel und Dürre beeinträchtigten den landwirtschaftlichen Ertrag des Jahres 1788; Ende Dezember 1788 sank das Thermometer in Paris auf — 18³⁄₄° Reaumur! In der einzigen Vorstadt St. Antoine zählte man damals 30000 Unterstützungsbedürftige.

Bauern das ganze feudale Gebäude zusammen; mit den abeligen Schlössern versank auch die feudale Ausbeutung in Asche. Als in der berühmten Augustnacht die Privilegierten in der National= versammlung unter allgemeiner Begeisterung ihre Vorrechte opferten, da verzichteten sie nur auf das, was sie nicht mehr hatten, um zu retten, was noch zu retten war.

Ausnahmslos erfolgte dieses Losbrechen der Bauern freilich nicht.

Wir haben bereits oben, gelegentlich der Schilderung des Adels, darauf hingewiesen, daß es in Frankreich vor der Revo= lution abgelegene Distrikte gab, in denen die Feudalherrschaft und die ihr entsprechenden Gedankenformen des Katholizismus noch in der Produktionsweise wurzelten, wo, was anderwärts unerträg= liche, erdrückende Fessel geworden war, noch als schützende Brust= wehr sich darstellte. In diesen Gegenden lebte und produzierte noch jede Gemeinde für sich nach alter Weise. Das Vaterland des Bauern reichte dort nicht weiter, als er vom Kirchturm seines Dorfes aus sehen konnte: was jenseits dieses engen Horizonts lag, war ihm Ausland, von dem er nichts bedurfte, mit dem er nichts zu tun haben wollte, das sich nur fühlbar machte, ihn bei seiner Arbeit zu stören und ihn zu plündern. Mit diesem Ausland zu verkehren, ihn davor zu schützen, oblag seinem Pfarrer, seinem Feudalherrn. Und nun maßte sich dieses ihm feindliche Ausland an, beherrscht von dem ihm so verhaßten Paris, ihm Gesetze zu geben, und sie zur Geltung zu bringen, viel energischer, als es die alte Monarchie in diesen abgelegenen Winkeln je ge= tan; Gesetze, die seinen Gewohnheiten, die seiner Produktions= weise viel schroffer widersprachen, als die Gesetze und Verordnungen der alten Monarchie; die alles ächteten, was er achtete und schätzte, die von dem genossenschaftlichen Besitz und Betrieb der Familie und der Gemeinde nichts wissen wollten, worauf seine Produktions= weise beruhte; ja, schließlich verstieg sich dies ihm feindliche Aus= land sogar so weit, den Familien ihre Söhne in bisher nie da= gewesener Weise zu entreißen und zum Kriegsdienst zu pressen.*

Es bedurfte keiner großen Anstachlungen der Aristokraten und Geistlichen, um diese Bauern, deren äußere Politik sie so sehr

---

* Im Februar 1793 erließ der Konvent ein Wehrgesetz, das die Wehr= pflicht aller unverheirateten Franzosen im Alter von 18 bis 40 Jahren festsetzte, jedoch die Stellvertretung zuließ.

beeinflußten, schließlich zu offener Empörung gegen den Konvent in Paris zu treiben, namentlich in der Vendée und im Calvados.

Die Masse der Bauern stimmte diesen Aufständen jedoch keineswegs zu. Sie waren an die Revolution festgekettet. Die Wiederherstellung der alten Monarchie bedeutete für sie Wiederherstellung des alten feudalen Drucks, des alten feudalen Elends. Sie bedrohte sie sogar zum Teil mit dem Verlust ihres Vermögens. Die Nationalversammlung hatte die Kirchengüter für Nationaleigentum erklärt und die Güter der Emigranten konfisziert. Die einen wie die anderen wurden verkauft; und so sehr diese Maßregel dazu diente, die Güterspekulanten zu bereichern, sie bot den Bauern die Möglichkeit, zu ihren engen Parzellen neuen Grund und Boden zu erwerben, was ihnen soviel als möglich erleichtert wurde. Man parzellierte einen Teil der Kirchengüter, später auch der Güter der Emigranten, verkaufte die Parzellen gegen unbedeutende Anschlagszahlungen und gewährte für den Rest lange Termine. Viele, die bis zur Revolution ihr Land als feudale Zinsbauern, meist tatsächlich erblich, besessen hatten, hörten auf, Zins zu zahlen, und suchten oft erfolgreich sich in volle Eigentümer zu verwandeln.

Die Herrchen vom Hofadel hatten, um ihre ritterliche Tapferkeit und Königstreue zu beweisen, Reißaus genommen und ihren König im Stich gelassen, als ihnen der Boden unter den Füßen heiß wurde. Manche schon nach dem Bastillesturm, an ihrer Spitze der Bruder des Königs, der Graf von Artois. Als „heimatlose Wühler" intrigierten sie, um unter dem Schutze österreichischer und preußischer Armeen in Frankreich einzufallen, mit der Absicht, dasselbe wieder für sich zu erobern. Ihr Sieg bedeutete Wiederherstellung der feudalen Ausbeutung, Wiedereinziehung der Kirchen- und Emigrantengüter. Wer den Druck kennt, unter dem der Bauer vor der Revolution geseufzt, wer weiß, mit welchem Fanatismus der Bauer an seinem Grund und Boden hängt, der wird leicht begreifen, daß unter diesen Umständen neben den städtischen revolutionären Elementen auch die Bauern sich in hellen Haufen erhoben und den französischen Armeen an der Grenze zuströmten, um die eingedrungenen Landesfeinde zurückzuschlagen.

Aber sie erhoben sich nicht aus Begeisterung für die Legislative, dann den Konvent und die Jakobiner von Paris, die in den ersten Kriegsjahren von 1792 an Frankreich beherrschten und deſſen Armeen dirigierten. Der Bauer iſt nie ein Verehrer des Repräſentationsſyſtems geweſen, unter dem er bei ſeiner Iſoliertheit und geiſtigen Verödung wenig Einfluß hat. Am allerwenigſten Einfluß in Frankreich zur Zeit der Revolution, das ſoeben erſt zu politiſchem Leben erwachte, deſſen Bevölkerung politiſch noch völlig ungeſchult war. Die Bauern konnten nicht ihresgleichen in die Volksvertretung ſchicken, ſie ſandten Advokaten, Mediziner, Beamte, kurz, vorwiegend ſtädtiſche Elemente, die in Paris tagten, unter dem Einfluß der „revolutionären Maſſe" dieſer Stadt. Sobald die Intereſſen dieſer Elemente mit denen der Bauern in Konflikt kamen, wurden unter ſolchen Umſtänden die letzteren natürlich in Geſetzgebung und Verwaltung benachteiligt. Und ſolche Konflikte kamen. Um die darbenden Maſſen der Kleinbürger und Proletarier von Paris zu befriedigen, mußten die verſchiedenen geſetzgebenden Verſammlungen entweder die Bourgeoiſie oder die Bauern zu Opfern heranziehen. Natürlich wählten ſie das letztere, wenn es ging. Aber mancher Konflikt entſpann ſich auch direkt zwiſchen Kleinbürgertum und Bauernſchaft: jenes ſuchte natürlich nach billigem Brot, dieſe wollte für ihre Produkte ſo viel als möglich löſen. Der Gegenſatz wurde wohl am ſchärfſten, als die Jakobiner nach dem Sturz der Gironde zur Alleinherrſchaft gelangten und, um der entſetzlichen Not ein Ende zu machen, ein Maximum der Lebensmittelpreiſe dekretierten und deſſen Wirkung durch Requiſitionen von Lebensmitteln, nicht blos für die Armee, ſondern auch für Paris, ergänzten; Maßregeln, die ſich in erſter Linie gegen die Händler und Spekulanten mit Lebensmitteln richteten, aber auch die Bauern trafen.*

Diejenige revolutionäre Inſtitution, für die der Bauer ſich am meiſten begeiſterte, das war die neue Armee, die von allen ſtändiſchen Schranken befreit war, in der jeder Soldat den Marſchallsſtab im Torniſter trug. Dieſe Armee, vorwiegend aus

---

* Die Urſachen der Not waren hauptſächlich der Krieg nach außen, der nicht bloß viele Lebensmittel zur Erhaltung der Armee abſorbierte, ſondern auch die Einfuhr hinderte. Vielleicht noch verheerender wirkten die gleichzeitigen Bürgerkriege im Innern Frankreichs. Und ſelbſt die revolutionären Bauern, nicht mehr durch habgierige Steuerpächter und Beamte gezwungen, einen beträchtlichen Teil der Ernte um jeden Preis loszuſchlagen, zeigten die Neigung, ihre Getreidevorräte zurückzuhalten: die kleinen Bauern, weil ſie kaum genug Getreide für den Selbſtbedarf produzierten, die Großbauern und Großpächter, um die Preiſe zu ſteigern, die infolge aller dieſer Umſtände raſch in die Höhe gingen.

Bauernſöhnen gebildet, eröffnete dieſen die glänzendſte Lauf=
bahn. Und auch für den, der gemeiner Soldat blieb, war ſie
nicht bloß, was allerdings die Hauptſache blieb, die mächtigſte
Waffe, die neugewonnene Freiheit, den neugewonnenen Boden
gegen den Feudalismus zu behaupten, der drohte, mit Europas
Hilfe zurückzukehren, ſie war für ihn auch ein Mittel, durch
Beute ſich zu bereichern.

Dies Moment iſt nicht zu unterſchätzen. Die Revolutionskriege
ſind für die ökonomiſche Entwicklung namentlich Englands und Frank=
reichs von der größten Bedeutung geworden. Sie ſetzten England
in den teils zeitweiligen, teils dauernden Beſitz der Kolonien nicht
bloß Frankreichs, ſondern auch Hollands, das 1795 in den Beſitz
der Franzoſen kam, und Spaniens, das 1796 ſich gezwungen ſah,
mit dieſen ein Bündnis einzugehen. Es erlaubte ferner England,
die Flotten und Küſten dieſer Länder unaufhörlich zu plündern.

Aber Frankreich hielt ſich ſchadlos in Belgien, Holland,
Italien, Aegypten, der Schweiz, Deutſchland uſw. Nicht bloß
die Soldaten plünderten nach Herzensluſt in dieſen Ländern; was
ſie nahmen, war ein Pappenſtiel im Vergleich zu den ungeheuren
Summen, die die Generäle und Kommiſſäre teils für ſich, teils für
den Staatsſchatz erpreßten, der ſeinerſeits wieder von habgierigen
Lieferanten und „Staatsmännern“ geplündert ward. Der Krieg
wurde für Frankreich ſeit dem Sturz der Jakobiner ein „gutes
Geſchäft“, das beſte in der damaligen Zeit; er war ein mächtiges
Mittel, die Schätze, die der Feudalismus in den obengenannten
Ländern aufgeſpeichert hatte und die in Kirchen, Klöſtern, fürſt=
lichen Schatzkammern tot lagen, ebenſo wie die Reichtümer der
alten Kaufmannsrepubliken, Holland, Venedig, Genua, nach Frank=
reich ſtrömen zu laſſen und dort der kapitaliſtiſchen Produktions=
weiſe dienſtbar zu machen. Der franzöſiſche Staat, eben noch
am Rande des Bankerotts, wurde reich, und reich wurden die=
jenigen, deren Stellung es erlaubte, ihn zu plündern. Wie Pilze
ſchoſſen die großen Vermögen empor und ſuchten nach gewinn=
bringender Anlage. Gleichzeitig erweiterten die ſiegreichen Kriege
den Markt der franzöſiſchen Induſtrie, und die neue Art der
Kriegführung förderte ſie nicht minder. Den relativ kleinen Werbe=
armeen der alten Monarchien ſetzte das revolutionäre Frankreich
das Aufgebot in Maſſe entgegen und ſtellte damit der Induſtrie
die Aufgabe, große Maſſen raſch zu bekleiden und zu bewaffnen.
Es war dies ein mächtiger Hebel, die kapitaliſtiſche Induſtrie, die

bis dahin vorwiegend Luxusindustrie gewesen, zu einer modernen Industrie, zu einer Industrie von Massenartikeln umzuwandeln.

Der Faktor, der all das zustande brachte, das Defizit im Staatshaushalt beseitigte und den Bauern ihren Grund und Boden schützte, ihre Söhne bereicherte und förderte, den Finanzleuten, Kaufleuten und industriellen Unternehmen reiche Profite brachte, der die Arbeitslosigkeit überwand: das war die Armee. Man muß diese ihre Bedeutung für die ökonomische Entwicklung Frankreichs ins Auge fassen, wenn man die politische Bedeutung verstehen will, zu der sie gelangte. Die Annahme, der Kriegsruhm sei den Franzosen plötzlich so in den Kopf gestiegen, daß das Wörtchen „gloire“ sie alle zusammen verrückt gemacht habe, und daß daher ihre Eroberungspolitik und ihr Napoleonkultus rühre, ist denn doch zu „idealistisch“.

Ein siegreicher Feldherr wurde angesichts dieser Bedeutung der Armee von vornherein ein hervorragender politischer Faktor im Staatsleben Frankreichs. Seine Macht mußte aber eine überwältigende werden, sobald es ihm gelang, sich der Staatsverwaltung zu bemächtigen.

Und das hielt nicht schwer.

Ein großer Teil der Bourgeoisie war im Verlauf der Revolution der parlamentarischen Kämpfe müde geworden und sehnte sich nach Ruhe, nach der Ruhe des Raubvogels, der seine Beute gemächlich verzehren will. Von vornherein waren manche ihrer Kreise der Revolution mißtrauisch und kühl, mitunter sogar ablehnend gegenübergestanden; das Schreckensregiment hatte die Begeisterung für die Freiheit in ihren Reihen noch mehr abgekühlt. Auch von den Ideologen hatte gar mancher seine Illusionen verloren; er war „vernünftig“ geworden und hatte eingesehen, daß die Revolution nicht die Erlösung der Menschheit bedeute, sondern die Erlösung des Kapitals, und er ergab sich drein, die Freiheit, für die er gestritten, das parlamentarische Regime, von einem Säbelhelden konfisziert zu sehen, der dafür in Aussicht stellte, ganz Europa für die Kapitalisten Frankreichs zu konfiszieren, es ihnen dienstbar und tributpflichtig zu machen.

Es war aber auch, als Frankreich seinen Siegeszug durch Europa antrat, keine Klasse mehr da, auf welche die Bourgeoisie sich hätte stützen können. Und allein, ohne Bundesgenossen, hatte sie selbst in Zeiten des größten revolutionären Aufschwunges ihre politische Herrschaft nicht behauptet.

Das parlamentarische Regime war ihr in Frankreich zugefallen infolge einer Empörung der Privilegierten gegen die Monarchie. Sie wäre nicht imstande gewesen, es gegen den Hof und dessen Verbündete in- und außerhalb Frankreichs zu behaupten, ohne das talkräftige Eingreifen der Bauern, Kleinbürger und Proletarier. Die Bauern kämpften aber, wie wir gesehen, bloß gegen den feudalen Absolutismus, nicht für das Repräsentationssystem. Die neue, von ständischen Unterschieden befreite, vorwiegend aus Bauern bestehende Armee war die Institution, für die sie sich begeisterten, und wenn ein siegreicher Feldherr, der von unten auf emporgestiegen, an der Spitze dieser Armee die Herrschaft des Parlaments über den Haufen warf, um seine absolute Herrschaft zu begründen, so erhoben sie sich nicht dagegen, sondern jubelten ihm zu, dem Bauernkaiser an Stelle des Abbokatenregiments. Diejenigen aber, die die Republik gegründet und vor dem Ansturm der feudalen Mächte gerettet hatten, die Sansculotten, lagen ohnmächtig zu Boden. Die Siege der französischen Armeen hatten ihnen ihre Kraft geraubt, und die Bourgeoisie hatte sie niedergeworfen und vom Standpunkt ihrer Klasseninteressen aus niederwerfen müssen, damit aber auch selbst die einzige Waffe zerschlagen, die dem neuen Säbelregiment hätte entgegengesetzt werden können.

Die alte Monarchie war jedoch unwiderbringlich dahin; das Kaiserreich bedeutete nicht die Rückkehr der feudalen Ausbeutung; es war vielmehr gleich der jakobinischen Schreckensherrschaft ein Werkzeug der Revolution. Die Jakobiner retteten die Revolution in Frankreich. Napoleon revolutionierte Europa.

X.

Das Ausland.

Ehe wir unsere Darstellung schließen, wollen wir noch einen Blick auf das Verhalten der feudalen Elemente, des Adels und der Höfe außerhalb Frankreichs werfen, das für die revolutionäre Entwicklung in letzterem Lande keineswegs ohne Einfluß blieb.

So unglaublich der Zwiespalt zwischen Königtum und Adel in Frankreich unmittelbar vor der Revolution ist, noch unglaublicher ist es, daß noch nach dem Ausbruch derselben ein solcher Zwiespalt in einer europäischen Monarchie sich geltend machen konnte und Augenblicksinteressen der borniertesten Art Kämpfe zwischen Elementen erzeugten, deren allgemeine dauernde Interessen damals den Zusammenschluß aufs dringendste erheischten. Einige der wichtigsten dieser Kämpfe seien hier angedeutet.

Der Habsburger Josef II. hatte in seinen Staaten mit großer Energie und Rücksichtslosigkeit eine Reihe einschneidender Reformen im Sinne des „aufgeklärten Despotismus" durchgeführt. Er räumte auf mit den ständischen Vertretungskörpern und unterwarf die Privilegierten ebenso seiner Bureaukratie wie den „gemeinen Mann", was man damals die Herstellung der „Gleichheit vor dem Gesetze" nannte, wobei freilich das Gesetz nichts war, als der Wille des Autokraten. Der Adel verlor seine Steuerfreiheit und seine unbeschränkte Verfügung über die Bauern, der Klerus zahl= reiche Klöster, der auf Kauf der Stellen beruhende Beamtenadel, der namentlich in Belgien (damals einem habsburgischen Besitztum) sehr stark war, seine Sporteln. Darob gewaltige Entrüstung unter den Privilegierten, ein Murren und Widerstreben, das in Ungarn und Belgien schließlich im Laufe des Jahres 1789 zum bewaff= neten Aufstand sich steigerte, den die preußische Regierung schürte, wie sie nur konnte, um Oesterreich zu schwächen. „Der preußische Gesandte in Wien, Jacobi, stand in enger Beziehung zu den Führern der Opposition und ermunterte sie zu jedem Schritt, welcher zum offenen Aufstand gegen den Kaiser führen konnte." So schreibt der gewiß nicht gehässige Herr v. Sybel (Geschichte der Revolutionszeit, I, 103).

Die Widerspenstigkeit des ungarischen Adels ist erklärlich; der besaß noch Kraft genug, selbst seine Interessen zu wahren, und bedurfte dazu nicht der Monarchie. Den Bauernaufstand von 1784 und 1785 hatte er, nicht die Regierung, niedergeschlagen. Anders stand es in Belgien. Dort war der Feudaladel ebenso kraftlos, seine Stellung ebenso unterminiert wie im benachbarten Frankreich, und doch ließ er sich dessen Beispiel nicht zur Warnung dienen. Ohne Bedenken nahm er unmittelbar nach dem Bastille= sturm und dem 4. August die Mitwirkung der Demokraten zum Aufstand an und erklärte Belgien für eine unabhängige Republik; am 7. Januar 1790 konstituierten sich die Stände der verschiedenen belgischen Provinzen als die „Vereinigten Staaten von Belgien", freilich nicht nach amerikanischem, sondern nach altfeudalem Muster.

Aber augenblicklich nach errungener „Freiheit" brach der Zwie= spalt zwischen den Privilegierten und den Vertretern der Volks= rechte aus, die Frankreichs Beispiel nachahmen wollten. Ueberdies ließ Preußen seine Verbündeten im Stich. Statt an Oesterreich den Krieg zu erklären, wie es einen Augenblick den Anschein hatte, einigte es sich mit der habsburgischen Monarchie und bereitete eine Allianz mit ihr vor im Vertrag von Reichenbach (27. Juni 1790).

Da Josef II. inzwischen gestorben war und sein Nachfolger Leopold II. sich zu Konzessionen bereit zeigte, nachdem schon Josef vielfach nachgegeben, wurde Ungarn rasch beruhigt und die isolierte, haltlose Insurrektion der Belgier leicht zersprengt (1791/92).

Indessen hatte die Revolutionsepisode das belgische Volk auf= gerüttelt. Belgien war nicht mehr zu beruhigen, eine neue, wirklich revolutionäre Bewegung bereitete sich vor, und als die Franzosen ins Land rückten (1792), fiel es ihnen mühelos zu. Ein ruhiges Belgien wäre ein fester Stützpunkt für die Operationen der Gegen= revolution gegen Frankreich gewesen und hätte die Revolution daselbst sehr gefährdet. Die kurzsichtige Habsucht von Aristokratie, Klerus und Beamtenadel verwandelte es statt dessen zu einem Ausfallstor Frankreichs.

Fast noch ungebärdiger als in Ungarn und Belgien zeigten sich die Adeligen in Schweden. Gustav III. hatte ihnen durch eine Reihe von Staatsstreichen verschiedene ihrer Vorrechte geraubt, bis er schließlich 1789 tatsächlich die unumschränkte Herrschaft erlangt hatte. Er benutzte jedoch die Macht und die Einkünfte, die ihm aus der Niederwerfung des Adels zuflossen, nicht zur Hebung des Landes, sondern zu kindischen, aber kostspieligen Aben= teuern. Ein Theaterheld, auf dramatische Effekte bedacht, dabei von einem lächerlichen Größenwahn erfüllt, wollte er sich auf den Vorkämpfer der monarchischen Interessen in Europa hinausspielen, auf den Herkules, der die Hydra der Revolution erwürgte. Er predigte den Kreuzzug gegen Frankreich, wollte auf einer Flotte die Seine hinauf nach Paris vordringen und diesen Herd der Revolution vernichten. 1791 reiste er nach Aachen, um sich mit den ausgewanderten französischen Adeligen zur Wiederherstellung der Monarchie zu verschwören. Indessen reifte gegen ihn eine Ver= schwörung der schwedischen Adeligen heran, die zur Ueberzeugung gelangt waren, sie könnten ihre Vorrechte nur wieder gewinnen, wenn sie den König beiseite schafften; am 17. März 1792 streckte den Heißsporn der Gegenrevolution die Kugel des Verschworenen Ankarström nieder, fast ein Jahr, bevor die Republikaner Frank= reichs gegen Ludwig XVI. nach dem Kriegsrecht verfuhren (21. Januar 1793), weil dieser während des Krieges mit dem

Landesfeind konspiriert hatte. Der Adel hat in der Revolutions=
zeit den Sansculotten das Beispiel der Königstötung gegeben.

Noch kurzsichtiger und noch mehr durch beschränkteste Habgier
verblendet als der Adel, zeigten sich die damaligen Staatslenker.
Deren Kvalierung gegenüber der Revolution erscheint in der Regel
als eine sprechende Illustrierung des Satzes von der „reaktionären
Masse". Bei Lichte besehen zeigen sich aber auch in dieser „Masse"
die größten Gegensätze, die tiefste Zerklüftung.

Die französische Revolution fand bei ihrem Beginn Europa
am Rande eines Weltkriegs. Katharina II. von Rußland hatte
es verstanden, den Kaiser Josef zu einem gemeinsamen Kriege
gegen die Türkei zu bereden, um dies Reich zu teilen. Der
Krieg begann 1787 seitens der Russen, 1788 seitens Oesterreichs.
Preußen konnte dem nicht untätig zusehen. Seit Friedrich II.
ging seine Politik dahin, keine einseitige Vergrößerung Oesterreichs
zu dulden. Nahm dieses türkische Provinzen, so sollte es dafür
auch zur Vergrößerung Preußens beitragen, in der Weise, daß
es Galizien an Polen zurückgab, und dieses Land dafür einige
Gebiete mit den Städten Thorn und Danzig an Preußen abtrat.
Daß Oesterreich einer solchen Abtretung freiwillig nicht zustimmen
werde, durfte man wohl annehmen, und so rüstete Preußen zum
Kriege und sah sich nach Bundesgenossen um: die nächstliegenden
waren diejenigen, denen wieder ein Stück Landes genommen werden
sollte, die Polen.

Herr v. Sybel, dessen Werk über die Revolutionszeit* den
Einfluß der zweiten und dritten Teilung Polens auf die fran=
zösische Revolution unseres Wissens am eingehendsten und zum
Teil auf schwer zugängliches archivalisches Material gestützt,
freilich sehr tendenziös, behandelt, sieht in der Katastrophe, die
sich über Polen vorbereitete, die Folge einer „großen und tiefen
Verschuldung" (II. Bd., S. 167), und entwirft ein erschütterndes
Gemälde der Verkommenheit des polnischen Adels, der Unter=
drückung und Ausbeutung des polnischen Volkes durch ihn. Daß
Herr v. Sybel sich auf den Weltrichter hinausspielt, der berufen
ist, über Schuld und Unschuld historischer Faktoren vom Stand=
punkt der „ewigen", für alle Zeiten und Völker geltenden Moral
eines preußischen Professors zu richten, wollen wir ihm nicht allzu
übel nehmen; das ist einmal bei Historikern der Brauch; es wirft

---

* „Geschichte der Revolutionszeit." Düsseldorf 1877.

nur unseres Erachtens ein schlechtes Licht auf die „ewige Ge=
rechtigkeit" des „Weltrichters", daß sie bloß Polen „die Folgen
der großen und tiefen Verschuldung" seines Adels fühlen ließ,
und nicht auch die Teilung Preußens, Rußlands, Oesterreichs,
aller Staaten des Kontinents dekretierte, da deren Adel überall
im wesentlichen die gleichen moralischen Qualitäten aufwies, den
Nichtgebrauch von Schnupftüchern etwa ausgenommen, der Herrn
v. Sybel auch als ein Moment der „Verschuldung" erscheint
(II. Bd., S. 173). Der Unterschied zwischen Polen und seinen
Nachbarn bestand bloß darin, daß es nicht dazu kam, jene Faktoren
zu entwickeln, die anderswo ein Gegengewicht gegen den Adel
bildeten, namentlich eine feste, zentralisierte Staatsverwaltung und
eine kräftige Bourgeoisie, daß also die ökonomische und politische
Entwicklung, die ja Polen nicht unberührt ließ, sich dort bloß in
der Zersetzung, im Verkommen des Feudalismus äußerte, nicht
in dem Erwachsen der Organe einer neuen Produktionsweise und
eines dieser entsprechenden Staates. Daß dem aber so war, das
dankte Polen seinen übermächtigen Nachbarn, vor allem Rußland,
die den „Elementen der Unordnung" in Polen systematisch mit
Rat und Tat zur Seite standen und jeden Versuch einer ökono=
mischen oder politischen Kräftigung im Keime erstickten, wenn es
sein mußte mit Waffengewalt. Polen hatte aufgehört, ein selb=
ständiges Reich zu sein, ehe es noch von der Landkarte verschwand.
Nur die gegenseitige Eifersucht der europäischen Großmächte schob
seinen Untergang hinaus.

1772 war es bereits dazu gekommen, daß Preußen, Rußland
und Oesterreich infolge gegenseitiger Verständigung große Gebiete
Polens untereinander teilten. Dem Rest wurde 1775 von den
Mächten, die später die heilige Allianz bilden sollten, eine „repu=
blikanische" Verfassung aufgedrungen, die jede geordnete Staats=
verwaltung unmöglich machte und die Anarchie zum Prinzip erhob.
Rußland herrschte seitdem dort fast unumschränkt, teils durch Er=
kaufung der Häupter des Adels, die man durch diese Verfassung
allmächtig gemacht, teils durch den Schrecken. Als jedoch Katha=
rinas Truppen in der Türkei beschäftigt waren, glaubten die
polnischen Patrioten den Moment gekommen, Rußlands Joch
abzuschütteln, und sie begannen, sich eine neue Verfassung zu
geben, die die Feudalanarchie wenigstens in etwas beseitigen sollte.
Preußen, dem österreichischen Rivalen zu schaden, ermutigte sie
zu energischem Vorgehen, eröffnete ihnen Aussichten auf Galizien,

natürlich ohne von den eigenen Absichten auf Thorn und Danzig etwas zu sagen, und schloß endlich am 29. März 1790 sogar ein förmliches Bündnis mit Polen, in welchem beide Teile sich zu gegenseitiger Hilfeleistung im Falle eines Angriffes von außen verpflichteten.

Gleichzeitig damit verbündete sich Preußen, wie wir gesehen, mit den Rebellen in Ungarn und Belgien.

England war mit Preußen im Bunde, denn es sah damals schon in Rußland eine Macht, deren Vergrößerung seinen Handel schädigen mußte, in der Ostsee sowohl wie im Orient. Die einzige Macht, die noch gegen Preußen hätte auftreten können, war die französische Monarchie, die mit Oesterreich alliiert und verschwägert war. Welche Wonne daher am preußischen Hof, als die Revolution diese Macht für den Moment kampfunfähig machte. So wenig verstand er deren Bedeutung, so blind machte ihn die Gier nach Vergrößerungen, daß er die Schwächung des französischen Königtums als willkommenes Ereignis begrüßte, weil damit das letzte Hindernis seiner polnischen Pläne schwand.* Die preußische Regierung freute sich nicht bloß über die Revolution, sie trat mit ihr in Verbindung. Der preußische Gesandte in Paris, Graf Goltz, knüpfte mit der demokratischen Partei in der Nationalversammlung einen höchst vertraulichen Verkehr an. Pétion, ein Abgeordneter der äußersten Linken, wurde einmal vom König von Preußen wegen einer demokratischen Rede beglückwünscht; dieser nahm den lebhaftesten Anteil daran, daß die Entscheidung über Krieg und Frieden dem Könige genommen werde — in Frankreich nämlich —, weil dadurch Preußen bis auf weiteres vor jedem Angriff Frankreichs sichergestellt wurde. Um nicht Goltz allzusehr zu kompromittieren, wurde ihm zur Erledigung von delikaten Aufträgen der Jude Ephraim zur Seite gegeben (September 1790), wohl derselbe, der bei den Aufständischen in Belgien in preußischem Interesse tätig gewesen.

Die Situation war 1790 für Preußen höchst günstig: das Königtum in Frankreich unfähig, einen Krieg aus diplomatischen

---

* „Man begreift, mit welcher Herzenserquickung er (der preußische Minister Herzberg) die Kunde von den ersten Regungen der revolutionären Anarchie in Frankreich empfing. Frohen Herzens berichtete er dem König am 5. Juli: In Frankreich ist das königliche Ansehen vernichtet, die Truppen haben nicht handeln wollen, Ludwig hat dem Volke erklärt, daß er die königliche Sitzung als nicht geschehen betrachte; das kündigt fast eine Szene Karls I. an, das ist eine Gelegenheit, von welcher die guten Regierungen Vorteil ziehen müssen" (Sybel, I. Bd., S. 161).

Erwägungen zu führen, in Belgien der Aufstand siegreich, die Ungarn schwierig, durch die Polen (und Schweden) der Rücken gegen Rußland gedeckt, dieses und Oesterreich vollauf mit den Türken beschäftigt, die eine überraschende Widerstandskraft an den Tag legten; in dieser Situation schien Oesterreich wehrlos Preußen preisgegeben, das mit dem reichen England verbündet war, und Friedrich Wilhelm II. drängte denn auch zum Kriege.

Aber in Oesterreich war inzwischen der ungestüme, gewaltsame Josef gestorben und an seine Stelle der bedächtige Leopold getreten (20. Februar 1790), der gerne sicher ging. Durch Nachgiebigkeit entwaffnete er seine Feinde, beruhigte die Ungarn, entzweite die Aufständischen in Belgien, brach den Krieg mit den Türken ab und kam zu einem Uebereinkommen mit Preußen in Reichenbach (27. Juli 1790), dem jeder Vorwand zum Kriege durch Annahme seiner Vorschläge genommen ward.

Inzwischen war die Revolution in Frankreich so weit gediehen und hatte ihre der absoluten Monarchie feindlichen Tendenzen so deutlich gezeigt, daß sie auch dem beschränktesten monarchischen Staatsmann im Ausland Bedenken einflößen mußte. In der Tat lag die Gefahr nahe, daß die revolutionären Tendenzen, wenn in Frankreich siegreich, auch die benachbarten Länder, Deutschland, Belgien, Piemont, erfaßten; ihre Niederschlagung oder mindestens Eindämmung erschien immer deutlicher als die Aufgabe aller europäischen Monarchen. Und diese gaben dem auch offenkundig genug Ausdruck. So in Leopolds Erklärung von Mantua, in dessen Zirkularnote von Padua, so endlich in dem Manifest Oesterreichs und Preußens, das diese Mächte nach Abschluß eines förmlichen Vertrags zu Pillnitz (27. August 1791) in höchst drohender Sprache gegen Frankreich erließen. Auch duldete der Kaiser die Rüstungen der Emigranten, die dicht an der französischen Grenze ein förmliches Heer zum Einfall in Frankreich sammelten. In Frankreich bestand kein Zweifel darüber, daß Preußen und Oesterreich einen Krieg gegen die Revolution planten, und doch geschah in Wirklichkeit von Seite der Verbündeten nichts, um dieser Absicht Nachdruck zu verleihen. Herr v. Sybel hat die damaligen Verhandlungen zwischen den Mächten mit großer Ausführlichkeit behandelt und glaubt aus ihnen schließen zu dürfen, daß bei den Monarchen allseitig die größte Friedensliebe herrschte und der Krieg von Frankreich provoziert wurde. Wir haben einen anderen Eindruck gewonnen. Es ist wahr, in Frankreich drängten sowohl die Giron-

bisten wie der Hof und seine Anhänger zum Kriege; letztere, weil
sie hofften, er werde die Oesterreicher und Preußen nach Frankreich und mit ihnen die Restauration der alten Monarchie bringen;
die Girondisten, weil sie den Krieg für unvermeidlich hielten und
darauf drangen, loszuschlagen, ehe der Gegner völlig gerüstet sei.
Auf der anderen Seite wurde dagegen der Krieg immer weiter
hinausgeschoben; jedoch nicht aus Friedensliebe, sondern weil keine
der beteiligten Mächte der anderen traute. Rußland trachtete,
den Türkenkrieg zu beenden, den es seit dem Rücktritt Oesterreichs von demselben allein führte, und sein Heer frei zu machen,
um es gegen Polen zu verwenden, das gewagt hatte, sich auf eigene
Füße zu stellen. Preußen wußte, daß eine Entscheidung in Polen
bevorstehe; es hatte seine Absichten auf Gebietserweiterung daselbst nicht aufgegeben und hoffte jetzt im Bunde mit Rußland
gegen die Polen zu erreichen, was es eben im Bunde mit den
Polen gegen Rußland versucht. Oesterreich war beiden bei dieser
Gelegenheit ein unbequemer Nachbar, beide suchten daher Leopold
in einen Kampf mit Frankreich zu verwickeln, um in Polen freie
Hand zu bekommen. Dieser aber roch den Braten und weigerte
sich, vorzugehen, ehe die polnische Frage entschieden sei.

Williger als Leopold zeigte sich der Kaiser Franz II., der
ihm am 1. März 1792 folgte, ein junger, unbedeutender Mensch,
dessen Regierung durch ihre lächerlichen Forderungen einer Wiederherstellung des alten Zustandes und ihre barschen Drohungen die
Kriegserklärung Frankreichs provozierte (20. April 1792). Nun
mußte gekämpft werden, ehe die polnische Beute verteilt war.
Auch Preußen konnte sich dem Kampfe, der dem Deutschen Reiche
und dem Verbündeten von Pillnitz galt, nicht gut entziehen. Aber
man ging nicht entschieden vor; man unterschätzte den Feind,
meinte, auf die Berichte der Emigranten und Polizeispione gestützt,
ganz Frankreich sei königstreu und erwarte nichts sehnlicher, als
vom „Joche“ einer terroristischen Minderheit erlöst zu werden, eine
Ansicht, deren völlige Grundlosigkeit die preußische Armee bald
bitter empfinden sollte, die aber in den Köpfen und Werken „ge-
sinnungstüchtiger“ Historiker heute noch fortspukt; man rechnete
auch auf die geheime Mitwirkung Ludwigs XVI., der die kriegerischen
Operationen auf französischer Seite lähmen werde, eine Rechnung,
durch die der Sturm des Volkes auf die Tuilerien vom 10. August
einen Strich machte; einer der wichtigsten Gründe aber, warum
die Rüstungen Oesterreichs und Preußens langsam vorwärtsschritten

und unzureichend waren, bestand darin, daß die „Verbündeten" sich über die polnische Teilung immer noch nicht einigen konnten, indes bereits die Truppen der russischen Katharina in Polen einmarschierten, und Preußen, das bis zum Mai 1792 die Rolle eines Verbündeten der Polen gespielt, die Maske abwarf und eine neue Teilung Polens „zur Wiederherstellung der Ruhe und Ordnung" in Aussicht stellte. Während die russischen Truppen die von ihrem Verbündeten im Stich gelassenen Polen niederwarfen, wurde der Krieg gegen Frankreich von Preußen und Oesterreich nur mit halbem Herzen geführt, da jeder der beiden Teile gleichzeitig nach der polnischen Beute schielte. Kein Wunder, daß der Feldzug für die verbündeten Monarchen kläglich endete.

Gefährlicher war die Lage für Frankreich im folgenden Jahre. Oesterreich rüstete energisch, die Schlappe wieder auszuwetzen. Eine Reihe von Staaten trat dem Bündnis gegen die Revolution bei: England und Holland, die die Besetzung Belgiens durch Frankreich aufgerüttelt hatte, und, durch England veranlaßt, Sardinien, Portugal, Spanien und Neapel. Im Innern Frankreichs empörte sich eine Reihe von Landschaften, eine Reihe wichtiger Städte. Die alte Armee war tatsächlich aufgelöst, ein neues revolutionäres Heerwesen erst im Werden. Die früheren aristokratischen Offiziere waren beseitigt oder entflohen, neue nicht genügend vorhanden. Die alten Linientruppen hatte zum Teil der vorigjährige Feldzug weggerafft, die Mehrheit der Armee bestand aus Rekruten. Und dabei zeigten sich die Generäle vielfach verräterisch und unzuverlässig. Hätte nicht die Schreckensherrschaft mit eiserner Faust Frankreichs ganze Kraft dem Kriege dienstbar gemacht und dem Feinde allenthalben eine Ueberzahl von Soldaten entgegengestellt, die, was ihnen an Uebung und an Disziplin abging, durch Enthusiasmus zu ersetzen suchten, die junge Republik wäre vielleicht dem Ansturm Europas erlegen. Trotz aller Anstrengungen war die Lage für sie verzweifelt genug.

Zu ihrem Glück war die Habgier ihrer Gegner ebenso groß wie ihr Haß gegen die Revolution. Jeder der Verbündeten wollte deren Bekämpfung zu einem guten Geschäft machen; keiner traute dem anderen, jeder ging auf eigene Faust vor, und anstatt entscheidende Schläge zu führen, beeilte sich jeder, denjenigen Teil der Beute in Besitz zu nehmen, den er für sich beanspruchte.

Sardinien verlangte von Oesterreich eine Verstärkung; dies verweigerte sie, wenn Sardinien nicht bei einer Vergrößerung auf

Kosten Frankreichs das Novarese an Oesterreich abtreten wolle. Darüber große Entrüstung in Sardinien, kostbare Zeit ging verloren, der Entsatz des insurgierten Lyon wurde vereitelt und der Angriff auf Frankreich von italienischer Seite kam ins Stocken.

Die englischen Truppen in Belgien hatten wieder nichts Eiligeres zu tun, als sich bei der Belagerung Dünkirchens festzubeißen, eines wichtigen Hafenplatzes, nach dessen Besitz England lüstern war; die Holländer wurden des Krieges bald müde, da sich für sie eine Entschädigung nicht finden wollte. Am verhängnisvollsten aber wurde die wachsende Gegnerschaft zwischen Oesterreich und Preußen.

Rußland und Preußen hatten sich nämlich im Winter 1792/93 verständigt und die zweite Teilung Polens vollzogen. Oesterreich bekam als Entschädigung die Aussicht auf ein Stück von Frankreich! Preußen drohte, augenblicklich vom Kriege gegen Frankreich zurückzutreten, wenn England und Oesterreich der Teilung Polens nicht zustimmten. Die freundschaftlichen Gefühle, namentlich des letzteren, für Preußen wurden dadurch nicht verstärkt. Die ganze österreichische Kriegsführung hatte nun einzig die Aufgabe im Auge, alle diejenigen Teile Frankreichs zu besetzen, auf die es Anspruch machte, das Elsaß und einen Streifen Nordfrankreichs. Preußen aber, vollauf in Polen beschäftigt, zeigte keine Lust, sich energisch an einem Unternehmen zu beteiligen, das aus einem Kriege gegen die Revolution ein Eroberungskrieg des Rivalen Oesterreich geworden war. Das preußische Heer vergeudete viel Zeit mit der Belagerung von Mainz und sah dann fast untätig zu, wie die Franzosen und Oesterreicher sich im Elsaß herumschlugen.* Als aber nun gar Oesterreich eine Annäherung an Rußland vollzog, so daß Preußen fürchtete, von seinen beiden „Verbündeten" betrogen zu werden, da, im September 1793, brach es den Krieg gegen Frankreich fast völlig ab und sandte die Mehrzahl seiner Truppen vom Rhein an die polnische Grenze, sich seinen Anteil an der Beute dort zu sichern.

Noch schlimmer stand es mit der Koalition 1794; zwischen England und Spanien entstand ein Zwiespalt, und in Polen brach im Frühjahr eine Erhebung aus, die solche Dimensionen annahm, daß die Russen ihrer nicht Herr wurden und die Preußen ihnen

---

* „Man (nämlich Preußen) durfte nicht vollständig siegen, man hatte nur noch die Aufgabe, zwischen einem feindseligen Genossen (Oesterreich) und einem günstig gesinnten Feind (Frankreich) das Gleichgewicht zu halten." (Sybel, 2. Bd., S. 258.)

zu Hilfe eilen mußten. Jetzt war an deren Teilnahme am französischen Kriege nicht mehr zu denken und auch Oesterreich konnte diesem nicht mehr seine volle Kraft zuwenden. Polens letzte Stunde war gekommen, und Oesterreich mußte erhebliche Truppen an der polnischen Grenze aufstellen, damit es nicht bei der dritten Teilung ebenso beiseite geschoben werde wie bei der zweiten. Hätte nicht England alles aufgeboten, die Koalition zusammenzuhalten, sie wäre damals schon aus dem Leime gegangen.

Inzwischen aber war die neue, revolutionäre Armee Frankreichs erstarkt, sie hatte eine neue, ihr eigentümliche Taktik entwickelt, die sie den alten Armeen überlegen machte, und aus dem neuen Offizierskorps erstanden bereits die Generäle, die diese neue Armee zum Schrecken des feudalen Europa machen sollten, die Hoche, Kleber, Moreau, Bonaparte usw. Indes die Häupter der feudalen Monarchie über die Teilung der noch unerlegten Beute zankten, hatten sie der revolutionären Armee Zeit gegeben, zu gewaltiger Kraft zu gelangen. Selbst beim größten Waffenglück wäre es den verbündeten Monarchen wohl unmöglich geworden, die Revolution zu unterdrücken und, wenn auch nur vorübergehend, den Zustand wiederherzustellen, der vor 1789 geherrscht. Daß aber die französische Republik von 1794 an zum Angriff übergehen und die Feudalität in ganz Europa aufs tiefste erschüttern, in ihren Grenzländern beseitigen konnte, das war nicht zum mindesten die Frucht jener kleinlichen und beschränkten Habgier ihrer Gegner, die wir eben zu zeichnen versucht haben.

Die Gegner der Revolution lieben es in neuerer Zeit, auf diesen Punkt hinzuweisen, um, wie sie meinen, den „Ruhm" der Revolution zu schmälern. Nicht durch ihre innere Kraft hat sie gesiegt, so rufen sie triumphierend, sondern infolge diplomatischer Fehler ihrer Feinde.

Zur Erhöhung des Ruhmes der Revolution trägt das freilich nichts bei; aber, so will es uns bedünken, noch weniger zur Erhöhung des Ruhmes ihrer Gegner.

Indes, wie immer der Ruhm der Revolution und ihrer Gegner dabei fahren mag, wir sind gern bereit, zuzugeben, daß es nicht die Kraft der revolutionären Elemente allein war, die ihnen zum Siege verhalf, sondern ebensosehr die „Fehler" ihrer Gegner. Eines jedoch möchten wir bestreiten, daß diese Fehler zufällige, der Sieg der Revolution ein Zufall war.

Die Entzweiung der Höfe untereinander, wie die Entzweiung des Adels mit dem bureaukratischen Königtum, wodurch die

Revolution so mächtig gefördert worden, waren tief in den Ver=
hältnissen begründet. Diese Entzweiungen sind nicht vereinzelte
zufällige Vorkommnisse, sondern typische Erscheinungen, die sich
unter wechselnden Formen immer wiederholten und durch die
Geschichte der Völker verfolgen lassen, solange es Klassengegen=
sätze gibt.

Allerdings sollte man meinen, daß der Anblick der Gefahr
die feudalen Mächte zum Vergessen ihrer Sonderinteressen und zum
Bewußtsein ihrer gemeinsamen Interessen hätte bringen sollen;
daß er sie anspornte, augenblickliche Opfer zu bringen, um dauernde
Vorteile zu erkämpfen. So nahe dieser Gedankengang liegt, es
fehlten die historischen Voraussetzungen, daß er bei den Privile=
gierten sich zur Tat umsetzte. Dieselbe Entwicklung, die zur
Revolution trieb, nahm diesen auch die moralischen und intellek=
tuellen Eigenschaften, die sie instand gesetzt hätten, der Revolution
energisch und geschlossen entgegenzutreten. Indem die feudalen
Elemente ihre gesellschaftlichen Funktionen verloren, wurden sie
nicht bloß überflüssig und schädlich, sie gingen auch jener moralischen
Eigenschaften verlustig, die die Arbeit verleiht. Genußsüchtig, träge,
verweichlicht, verlernten sie es, ihre Ziele zu erkämpfen und zu
deren Erlangung Opfer zu bringen. Aber nicht bloß moralisch,
auch intellektuell mußten sie immer mehr verkommen. Die Einsicht
in die tatsächlich bestehenden Verhältnisse zeigte immer deutlicher
die Ueberflüssigkeit und Schädlichkeit der feudalen Elemente. Deren
Interessen zwangen sie immer mehr, nicht bloß der Verbreitung
dieser Einsicht im Volk entgegenzutreten, sondern auch sich selbst
ihr zu verschließen, sich selbst immer mehr zu belügen und in
Illusionen zu wiegen. Gerade das Nahen der Revolution trieb
sie zur Rückkehr zu den Gedankenformen einer Zeit, in der sie
noch für notwendig und nützlich gegolten hatten, die sie aber jetzt
selbst nicht mehr verstanden und daher „ideal" wiedergaben, trieb
sie zum Mystizismus, zum Geistersehen, zur „Romantik", zur
Wiederbelebung von Gedankenformen, die zu ihrer Zeit vernünftig
gewesen sein mochten, jetzt aber, unverstanden wiedergegeben und
in völligem Widerspruch zu den Forderungen der Zeit, ganz un=
vernünftig waren und zu völliger Verdummung führen mußten.

Die Mächte der feudalen Gesellschaft waren moralisch und
intellektuell bereits bankerott, als der politische und ökonomische
Bankerott über sie hereinbrach. Unfähig zu dem geringsten augen=
blicklichen Opfer, unfähig zu einem großen Entschluß, unfähig,

ihre Lage zu begreifen, fehlte es ihnen an allem, was sie zu einer wirklichen „reaktionären Masse" hätte zusammenschweißen können. Wohl waren die verschiedenen feudalen Elemente aufs innigste miteinander verbunden, aber wie ein Rattenkönig, eine Masse von Ratten, deren Schwänze verwachsen sind, die nur mühsam vom Fleck kommen und unfähig sind, sich selbst Futter zu suchen, so daß sie in ihrer unersättlichen Gier schließlich sich untereinander zerfleischen müssen.

Die Uneinigkeit und Borniertheit der feudalen Elemente war kein Zufall; sie war ebenso unvermeidlich wie die Klassenkämpfe innerhalb des dritten Standes. Die einen wie die anderen sind Faktoren geworden, die die Revolution mächtig beeinflußten.

Wir sehen da deutlich, daß die gesellschaftliche Entwicklung ein Resultat ist der Kämpfe nicht bloß zwischen den aufstrebenden und den untergehenden Klassen, zwischen denen, die an der Erhaltung des Bestehenden ein Interesse haben, und denen, für die das Bestehende immer unerträglicher wird, sondern auch von Kämpfen innerhalb der einen wie der anderen Gruppe. Jeder dieser Kämpfe, welches immer die Absicht der Kämpfenden gewesen, hat die Revolution gefördert; so sonderbar es erscheinen mag, so ist es doch unleugbar, nicht bloß die Uneinigkeit unter den Herrschenden, auch die Uneinigkeit unter den Beherrschten war ein Hebel der Revolution. Die Interessengegensätze zwischen Kapitalisten und Kleinbürgern, zwischen Stadt und Land wirkten kaum jemals hemmend, oft anfeuernd; sie vermehrten die Energie, welche die Revolution entfaltete, und steckten den revolutionären Massen immer weitere Ziele, trieben sie immer weiter vorwärts.

Die Interessengegensätze innerhalb der herrschenden Klassen dagegen führten zur Erschlaffung ihrer Anstrengungen, führten dazu, daß ihre Aufgaben sich immer mehr einengten, daß sie, statt die Revolution geschlossen und energisch zu bekämpfen, immer mehr sich darauf beschränkten, aus der Erschütterung des Bestehenden Augenblicksvorteile erhaschen zu wollen. Statt den Brand im eigenen Hause zu löschen, suchten sie die allgemeine Verwirrung dazu zu benützen, beim Nachbar zu plündern, bis der krachende Zusammensturz sie samt ihrer Beute unter seinen Trümmern begrub.

— — ·—·›×‹·—· — —